Alexandra Lubczyk
Scham und Mentalisierung in der Pädagogik

Was ist die Bedeutung von Scham in pädagogischen Beziehungen, insbesondere in der Schule? Alexandra Lubczyk untersucht die Bedeutung der Scham für eine mentalisierungsbasierte Pädagogik auf der Grundlage eines psychoanalytischen Schamverständnisses. Dabei werden, entlang der Entwicklungslinien der Mentalisierungsfähigkeit, die korrespondierende Entwicklung des Schamaffekts, die dazugehörigen Abwehrmechanismen und die Berührungspunkte und Schnittstellen zwischen beiden dargestellt.
Ein zentrales Ergebnis ist, dass die in der Entwicklung der Mentalisierungsfähigkeit so bedeutsamen Affektspiegelungsprozesse auch über eine schambildende Funktion verfügen und misslingende Affektspiegelungen somit nicht nur die Ausbildung und Qualität der Mentalisierungsfähigkeit, sondern auch die Schamfähigkeit des Subjekts beeinflussen. Mentalisierungsfähigkeit und der psychoanalytisch verstandene Affekt der Scham stehen dadurch in einem engen, dynamischen Verhältnis.
Aus dieser Erkenntnis leiten sich pädagogische Implikationen für den schulischen Alltag ab: Aufgrund der Präsenz und Relevanz von Scham in der Schule ist dem Affekt der Scham im pädagogischen Kontext mehr Aufmerksamkeit zu widmen. Das Mentalisierungskonzept hat seit einigen Jahren Eingang in unterschiedliche pädagogische Felder gefunden und muss um die Bedeutung der Scham erweitert werden.

Alexandra Lubczyk, Dr., geb. 1959, ist promovierte Sonderpädagogin mit langjähriger praktischer Erfahrung im Schulbetrieb, zuletzt als stellvertretende Schulleiterin einer Förderschule. Zusätzlich hat sie mehrere Jahre in der universitären Lehrerausbildung gearbeitet. Alexandra Lubczyk forscht auf der Grundlage ihrer Erfahrungen in Schule und Universität und beschäftigt sich insbesondere mit der Bedeutung von Scham und Mentalisierung in der Pädagogik.

Alexandra Lubczyk

Scham und Mentalisierung in der Pädagogik

Brandes & Apsel

Auf Wunsch informieren wir Sie regelmäßig mit unseren Katalogen »Frische Bücher« und »Psychoanalyse-Katalog«. Wir verwenden Ihre Daten ausschließlich für die Zusendung unserer beiden Kataloge laut der EU-Datenschutzrichtlinie und dem BDS-Gesetz. Bitte senden Sie uns dafür eine E-Mail an info@brandes-apsel. de mit Ihrer Postadresse. Außerdem finden Sie unser Gesamtverzeichnis mit aktuellen Informationen im Internet unter: www.brandes-apsel.de sowie www.kjp-zeitschrift.de

Siegelziffer D.30

Dissertation an der Johann Wolfgang Goethe-Universität am Fachbereich Erziehungswissenschaften
Erster Gutachter: Prof. Dr. Dieter Katzenbach
Zweiter Gutachter: Prof. Dr. Manfred Gerspach
Datum der Disputation: 18. April 2023

wissen & praxis 181

1. Auflage 2024

DTP und Korrektorat: Felicitas Alt, Brandes & Apsel Verlag.
Cover: Brandes & Apsel Verlag unter Verwendung eines Bildes von Pixabay.
Druck: STEGA TISAK d.o.o., Printed in Croatia
Gedruckt auf einem nach den Richtlinien des Forest Stewardship Council (FSC) zertifizierten, säurefreien, alterungsbeständigen und chlorfrei gebleichten Papier.

Die Deutsche Nationalbibliothek verzeichnet diese Publikation in der Deutschen Nationalbibliografie; detaillierte bibliografische Daten sind im Internet über www.dnb.de abrufbar.

ISBN 978-3-95558-374-3

Inhalt

Einleitung

Ziel dieses Buches ist es, das Verhältnis von Mentalisierungsfähigkeit und Schamfähigkeit genauer zu bestimmen und seine Bedeutung für die Pädagogik, insbesondere für die Schulpädagogik, hervorzuheben. Als Hintergrundtheorien dienen hierbei die von Seidler konzipierte psychoanalytisch orientierte Alteritätstheorie der Scham (2015), Wurmsers Theorie der Psychodynamik der Scham (2007) und die Theorie der Mentalisierung (Fonagy et al., 2006).

Entlang der Entwicklungslinien der Mentalisierungsfähigkeit wird die korrespondierende Entwicklung des Schamaffektes und der dazugehörigen Abwehrmechanismen beschrieben. Dies führt zur Erkenntnis eines engen Zusammenhangs zwischen Mentalisierungsfähigkeit und dem alteritätstheoretischen verstandenen Affekt der Scham. Beide beeinflussen sich in ihrer Entwicklung, setzen sich aber auch gegenseitig voraus.

Die Neubestimmung des Verhältnisses der beiden Theorien kann zukünftig die theoretische Fundierung für die Auseinandersetzung mit dem Thema Scham in der Schule und in der Pädagogik allgemein erweitern.

Um eine Theorie zum Verhältnis von Scham und Mentalisierung im Schulbezug zu gewinnen werden im ersten Kapitel zunächst die unterschiedlichen Dimensionen der Institution Schule im Kontext von Scham beleuchtet. Dabei werden die strukturellen Bedingungen von Schule und Unterricht, die pädagogische Beziehung von Lehrenden und Lernenden und die Beziehungen zwischen Schülerinnen und Schülern in den Fokus genommen und auf mögliche Schampotenziale untersucht.

Das zweite Kapitel widmet sich dem Affekt der Scham und führt in Seidlers Alteritätstheorie ein (Seidler, 1997, 2015). Scham wird hier als Schnittstellen- oder Signalaffekt verstanden, der an der Schnittstelle zwischen Subjekt und Objekt auftritt und auf die Unterscheidung fremder und eigener Wahrnehmungs- und Erlebensinhalte aufmerksam macht. Damit trägt Scham zur Subjektkonstitution und zur Ausbildung der Fähigkeit zur Selbstreflexivität, der Entwicklung der Symbolisierungsfähigkeit und der Affektregulation bei. Unter Einbezug der Theorie der Psychodynamik der Scham (Wurmser, 2007) wird die Bedeutung von Abwehr oder Maskierung von Scham für die pädagogische Beziehung ausgeführt.

Als weitere Grundlage zur Bestimmung des Verhältnisses von Scham und Mentalisierung in seiner Bedeutung für die Pädagogik werden im dritten Kapitel der theoretische Hintergrund und Konzepte zur Mentalisierung vorgestellt. Dabei werden sowohl kognitionspsychologische Forschungsergebnisse als auch das psychosoziale Entwicklungsmodell von Fonagy et al. (2006) einbezogen.

Mit Ausblick auf das vierte Kapitel werden mögliche Störungen beim Erwerb der Mentalisierungsfähigkeit benannt, die die Entwicklung der Schamfähigkeit beeinträchtigen können.

Im vierten Kapitel erfolgt dann auf der Basis der bisher dargestellten Theorien die Neubestimmung des Verhältnisses von Scham und Mentalisierung und seine Bedeutung für Verhaltens- und Lernstörungen. Dazu werden wichtige Entwicklungsschritte der Mentalisierungsfähigkeit unter dem Blickwinkel des alteritätstheoretischen Verständnisses von Scham betrachtet. Dabei zeigt sich, dass die für die Entwicklung der Mentalisierungsfähigkeit so bedeutsamen Affektspiegelungen auch über eine schambildende Funktion verfügen und misslingende Affektspiegelungen nicht nur die Ausbildung und Qualität der Mentalisierungsfähigkeit beeinflussen, sondern auch die Schamfähigkeit des Subjekts. Der aufgezeigte Zusammenhang führt zur Erkenntnis eines dynamischen Verhältnisses von Scham und Mentalisierung.

Das fünfte Kapitel widmet sich den möglichen Konsequenzen des Wechselseitigkeitsverhältnisses von Scham und Mentalisierung für die Pädagogik und die Institution Schule. Die Bedeutung der Mentalisierungsfähigkeit von Pädagogen und Pädagoginnen für einen schamsensiblen Unterricht wird hervorgehoben.

Der weitere Forschungsbedarf in der Theoriebildung und der empirischen Überprüfung wird im sechsten Kapitel dargelegt. Im psychosozialen Entwicklungsmodell der Mentalisierung erhält die Bindungstheorie eine besondere Bedeutung. Daher kann auch ein Zusammenhang zwischen Scham und Bindung vermutet werden und sollte bei weiteren Forschungsvorhaben Beachtung finden. Beim Transfer mentalisierungstheoretischer Erkenntnisse in die pädagogische Praxis sollte auch die Rolle der Scham und deren Abwehr untersucht werden. Es stellt sich die Frage, ob mit einer Förderung der Mentalisierungsfähigkeit auch die Schamfähigkeit gefördert werden kann. Für den empirischen Zugang zur Wechselwirkung von Scham und Mentalisierung eignen sich tiefenhermeneutische Vorgehensweisen und projektive Verfahren. Diese machen latente Sinnstrukturen und unbewusste Vorgänge sichtbar und dadurch kann auch die Abwehr oder Maskierung von Scham empirisch erfasst werden.

1. Schule als schamproduzierender[1] Ort

»Die Schülerinnen und Schüler bekommen aufgrund störenden Verhaltens Strafarbeiten oder werden aus der Klassengemeinschaft ausgeschlossen. Viele Schülerinnen und Schüler schreiben während der Unterrichtszeit ihre Strafarbeiten und händigen diese dem Lehrer aus. Der Lehrer schaut sich die Strafarbeiten an, zerreißt diese vor den Augen der Schüler und schmeißt sie anschließend in den Papierkorb.«

[...]

»Die Schülerinnen und Schüler haben oft Erzählbedarf und wollen dem Lehrer ganz unterschiedliche Sachen erzählen. Der Lehrer zeigt gegenüber den Erzählungen der Schülerinnen und Schüler kein Interesse. Er entgegnet ihnen mit Äußerungen dieser Art: ›Und was hast du heute Nacht noch so geträumt?‹ ›Lüg doch nicht schon wieder‹ oder ›Geh' raus und erzähl es der Türklinke vom Männerklo, die interessiert's vielleicht. Hier interessiert es keinen‹.«

Beide Situationsbeschreibungen stammen von Vanessa Piano-Schlonsok (2012, S. 6), die sich in ihrer wissenschaftlichen Hausarbeit mit ihren Erfahrungen während des Praktikums an einer Schule für Erziehungshilfe auseinandersetzt.

Es handelt sich in diesem Fall um Beschämungen von Schülerinnen und Schülern durch Lehrkräfte, die in dieser Intensität selten

1 Scham wird ausgelöst durch das Gefühl eigener Schwäche, wenn sich für das Subjekt eine Diskrepanz zwischen Ich und Ich-Ideal auftut (Hilgers, 2013). Diese Scham kann vor einem äußeren oder inneren Anderen empfunden werden. Schamkonflikte begleiten lebenslang die Selbstentwicklung und Selbstaktualisierung (ebd., S. 46) und sind nicht grundsätzlich pathologisch. In Seidlers Alteritätstheorie (2015) wird Scham nicht nur in Beurteilungssituationen empfunden, sondern dient als »Schnittstellenaffekt« (ebd., S. 44) der Selbstentwicklung und der Subjekt-Objekt-Differenzierung. Die Alteritätstheorie wird im zweiten Kapitel ausführlich dargestellt.

vorkommen. Allerdings sind Beschämungssituationen in der Schule kein Einzelfall, wie die Untersuchungen von Prengel (2013) sowie von Krumm und Eckstein (2001) belegen.

Prengel (2013) verweist auf die Auswertungsergebnisse des Projektnetzes »INTAKT« und macht damit auf die Bedeutung von seelischen Verletzungen, Missachtung und demzufolge auch Schamaffekten in der Institution Schule aufmerksam.

Für den INTAKT-Datensatz hat eine Forschungsgruppe 15.000 Beobachtungsprotokolle in der Form von Feldvignetten gesammelt und hierbei den Fokus auf die Qualität der pädagogischen Interaktion gelegt. Die Fragestellung lautete: »Wie und wie oft werden Kinder in pädagogischen Interaktionen anerkannt oder verletzt?« (ebd., S. 94). Nach der Auswertung der Daten[2] zeigte sich, dass rund ein Viertel der Interaktionen eine negative Beziehungsqualität aufwies (bezogen auf Primarstufe sowie Sekundarstufe I und II).

Prengel (2013) konstatiert:

> »Mit durchschnittlich jeder vierten Lehrer-Schüler-Interaktion ist eine Verletzung verbunden und in durchschnittlich jeder sechzehnten pädagogischen Interaktion erleben die Lernenden die starke Missachtung eines Mitschülers durch eine Lehrkraft. Rein rechnerisch werden die Kinder im Schnitt täglich mindestens zweimal Zeugen einer starken psychischen Verletzung eines anderen Kindes, real aber sind die einen seltener und die anderen noch viel häufiger einer solchen miterlebten Verletzung ausgesetzt.« (ebd., S. 103)

In den dargestellten Vignetten zeigten sich wiederkehrende Muster der Verletzung wie »Fehler und Fehlverhalten diskriminierend kritisieren, Kinder anbrüllen, sarkastisch sprechen, lächerlich machen, […]« (ebd., S. 115).

---

2 40 Prozent des zur Verfügung stehenden INTAKT-Datensatzes wurden ausgewertet.

Krumm und Weiß haben knapp 3.000 österreichische, deutsche und schweizer Studentinnen und Studenten zu ihren Erfahrungen mit verletzendem Verhalten von Lehrerinnen und Lehrern befragt.

Die folgende Tabelle stellt die Häufigkeit der genannten Kränkungsarten in der österreichischen Studierendenbefragung dar, die nach Kategorien der Mobbingforschung zusammengefasst wurden. (Krumm & Eckstein, 2001, S. 7; Krumm & Weiß, 2002):

Tabelle: Häufigkeit genannter Kränkungsarten (n = 915)

Kategorien	**Nennungen**
(negative) Zuschreibungen, Behauptungen, Vorurteile	188
bloßstellen	175
ungerechtes, unfaires Verhalten	159
schreien, beschimpfen, Schimpfwörter	128
lächerlich machen / beschämen	100
ignorieren, vernachlässigen, missachten	63
Verletzung von Rechten	30
Unterstellung von Fehlhandlungen	48
Körperverletzungen	47
Drohungen / Einschüchterungen	47
Isolierung	20
Informationsweitergabe	32
unangemessene Arbeitsaufträge	19

Quelle: Krumm & Eckstein, 2001, S. 7; detaillierte Darstellung in Krumm und Weiß, 2002.

Es kann also in Schule und Unterricht zu starker persönlicher Beschämung der Schülerinnen und Schüler durch Lehrkräfte kommen. Zu diesen vermeidbaren Schamsituationen, die durch das individuelle Verhalten der Lehrkräfte entstehen, existieren in der Schule auch unvermeidbare Schamsituationen, z. B. Körperscham im Umkleideraum, die Exponiertheit der eigenen Person in bestimmten Situationen wie Prüfungssituationen oder Referate oder erlebte Enttäuschungen.

Scham, die das Individuum als nicht überwältigend erlebt, kann sich förderlich auf die Identitätsentwicklung und die Gestaltung und Struktur sozialer Beziehungen auswirken. Diese Wirkung von Scham wird im zweiten Kapitel der Arbeit ausgeführt. In diesem Sinne können die Schule und das schulische Lernen auch Gelegenheiten bieten, eine konstruktive Schamfähigkeit zu üben und zu stärken.

Wird die Scham aber als überwältigend erlebt, so können Abwehrmechanismen gegenüber Schamgefühlen aktiviert und verstärkt werden, die dann das Lernen erschweren und eine bereits vorliegende dysfunktionale Schamhaltung zementieren. Da Scham ein Affekt ist, der »das ganze Selbst erfasst« (Lynd, 1961, S. 49 zitiert nach Wurmser, 2007, S. 79) und großen Einfluss auf das zwischenmenschliche Erleben hat, kann er im schulischen Kontext eine »negative existenzielle Betroffenheit auslösen« (Haas, 2013, S. 23).

Neben der Beziehung von Lehrenden und Lernenden halten auch die Beziehungen der Schüler und Schülerinnen untereinander und die strukturellen Rahmenbedingungen von Schule und Unterricht Schampotenziale bereit.

Zusätzlich ist in der Schule die Beziehungsintensität besonders hoch. Viele Beziehungen bedeuten viele Schamgelegenheiten. Eine besondere Brisanz, aber auch ein besonderes Entwicklungspotenzial in der Schule besteht darin, dass die vorhandenen Beziehungen, auch wenn der Wunsch besteht, nicht einfach getrennt oder abgebrochen werden können.

1.1 Schampotenziale in den strukturellen Bedingungen von Schule und Unterricht

Um die Bedeutung des Verhältnisses von Mentalisierungsfähigkeit und Scham für die Institution Schule näher zu bestimmen, werden zunächst die im Kontext von Scham relevanten schulischen Dimensionen beleuchtet und die bisherigen Forschungserkenntnisse zur Präsenz von Scham im Schulbetrieb zusammengefasst.

1.1.1 Die gesellschaftlichen Funktionen der Schule und ihre Schampotenziale

Betrachtet man die gesellschaftlichen Funktionen der Qualifikation, Allokation und Legitimation bzw. Integration von Schule (Fend, 2008) so ergeben sich auch in diesen Bereichen Schampotenziale für die Schülerinnen und Schüler.

Die Qualifikationsfunktion der Schule

In ihrer Qualifikationsfunktion vermittelt Schule Kenntnisse und Fertigkeiten, die die Schülerinnen und Schüler zur Partizipation am gesellschaftlichen Leben befähigen sollen. Dazu gehört die Ausübung eines Berufes und damit die Aufrechterhaltung und Verbesserung der wirtschaftlichen Wettbewerbsfähigkeit einer Gesellschaft (Haas, 2013) und natürlich auch die der Schülerinnen und Schüler innerhalb dieser Gesellschaft. »Die Qualifikationsfunktion beschreibt somit die Aufgaben, die das Bildungssystem gegenüber dem ökonomischen System wahrnimmt.« (Keller, 2014, S. 28). Beim Erwerb von Kenntnissen und Fertigkeiten kann es zu Beschämung kommen. Denn strukturelles Lernen im Sinne der Reorganisation von bereits Gelerntem bedeutet, bisher Gewusstes aufzugeben (Katzenbach, 2004). Es muss anerkannt werden, dass das bisherige Wissen falsch oder zumindest unvollständig war. Denn »am Anfang jedes Lernprozesses steht das existenzielle Erlebnis einer umfassenden Ohnmacht« (Mosimann, 2000, S. 9 zitiert nach Hafeneger, 2013, S. 122). Schließlich ist Lernen auch eine Grenzerfahrung, denn bisher unbekannte Inhalte passieren die Grenze der Persönlichkeit. Dies ist relevant, da nach alteritätstheoretischem Verständnis (Seidler, 2015) Scham ein Schnittstellenaffekt ist und an der Grenze zwischen Selbst und anderem bzw. der inneren und äußeren Realität des Subjekts entsteht. Wie schamfähig das Subjekt im alteritätstheoretischen Verständnis ist, hat Einfluss darauf, ob und wie Lerninhalte die Grenze des Subjekts passieren können.

Selektions- bzw. Allokationsfunktion der Schule

In ihrer Selektions- bzw. Allokationsfunktion trägt die Schule zur Reproduktion der Positionsverteilung in der Gesellschaft bei (Fend, 2008). Dies tut sie, indem sie über festgestellte und dokumentierte Leistungen der Schülerinnen und Schüler Berechtigungen verteilt, die mit bestimmten Plätzen in der Sozialstruktur der Gesellschaft und beruflichen Laufbahnen verbunden sind. Auch diese Funktion ist eine Funktion des ökonomischen Systems, die vom Bildungssystem wahrgenommen wird. Beschämung droht in diesem Zusammenhang besonders Schülerinnen und Schülern, die nicht die erforderlichen Leistungen in einem Bildungsgang erbringen können und deshalb an den nächst niedrigeren Bildungsgang verwiesen werden. Mit dem Verweis an einen niedrigeren Bildungsgang, oder mit dem praktizierten Sitzenbleiben, ist die Einnahme eines niedrigeren Platzes in der Sozialstruktur wahrscheinlich. In diesem Zusammenhang bekommen Prüfungssituationen eine doppelte Schamrelevanz. Die Prüfungssituation an sich ist prekär im Hinblick auf den Schamaffekt und schließlich kann beim Scheitern eine Herabsetzung der gesellschaftlichen Positionierung eintreten. Diese Herabsetzung führt zu weiterer Beschämung.

Misserfolge in der sozialen Konkurrenz und Versagen gegenüber Leistungsnormen bilden Statusbedrohungen, so kann mit Neckel (1993) gefolgert werden, die zu Schamgefühlen führen. Diese enthalten als implizite Grundlage eben jene Normen, an deren Verwirklichung das Individuum gescheitert ist. Die beschriebenen Prozesse sind mit Beschämung verbunden und dadurch mit »negativen Urteilen über die Art des eigenen Seins verknüpft, [...]« (Neckel, 1993, S. 245). Zusätzlich entsteht für diejenigen, die von Beschämung betroffen sind, aber auch für die Zeugen solcher Geschehnisse, ein Konformitätszwang. Dieser macht Kritik an den Verhältnissen, die die Beschämungsprozesse zulassen, unmöglich. Dadurch gesellen sich zu den demütigenden Schamempfindungen Gefühle von Hilflosigkeit und Ausgeliefertsein.

Die Last ist für viele Individuen eine doppelte. Erstens ist der konkrete Akt der Beschämung, wie z. B. der auferlegte Übergang in den nächst niedrigen Bildungsgang ein schwer zu bewältigendes und mit Scham besetztes Lebensereignis. Zweitens bildet der neue, als niedriger empfundene Status eine dauerhafte Beschämung.

Die Legitimationsfunktion der Schule

Bei der Reproduktion von Normen und Werten deren Zweck die Stabilisierung und Legitimation der bestehenden gesellschaftlichen Ordnung ist (Keller, 2014, S. 28), sind diejenigen Schülerinnen und Schüler von Ausschluss bedroht, die die vermittelten Normen und Werte nicht teilen können. Haben sie z. B. in ihren Herkunftsfamilien andere Normen und Werte erworben und leben sie diese, so können sie u. U. nur mit einer randständigen Position im Sozialgefüge rechnen, die häufig mit Gefühlen von Beschämung und Ungenügen einhergeht.

1.1.2 Institutionell geprägte Beziehungen in der Schule und ihre Schampotenziale

Unter den strukturellen Bedingungen von Schule werden in der Regel altershomogene Klassen gebildet, die von einer Lehrkraft geleitet werden. Die Beziehungen sind von langer zeitlicher Dauer, aber nicht, wie in der Regel in Familien, lebenslang und sie sind institutionell geprägt. Der Erbringung von Leistungen, die regelmäßig kontrolliert werden, wird ein hoher Stellenwert eingeräumt. Durch die Beurteilung der Schülerinnen und Schüler vorrangig nach ihren Leistungen werden sie weniger als Individuum gewürdigt und wahrgenommen (Hafeneger, 2013, S. 103). Dies kann Gefühle von Kränkung und Beschämung hervorrufen. Diese Gefühle können sich bei negativen, externen Bewertungen z. B. bei Leistungskontrollen weiter verstärken.

1.1.3 Beschämungssituationen im Unterricht

Marks (2005, S. 9) bezieht sich auf das von Prengel und Heinzel (2003) beschriebene Fallbeispiel einer bühnenartigen Unterrichtssituation im Sportunterricht, bei dem einzelne Schülerinnen bzw. Schüler auf die »Bühne« treten und sich exponieren (müssen).

Solche Bühnensituationen sind nicht nur im Sportunterricht von besonderer Brisanz und verfügen über ein hohes Schampotenzial. Dieses ist besonders hoch, wenn Schülerinnen und Schüler unsicher sind oder Fehler machen und diese ein Selektionskriterium bilden. Auch die vorweggenommene Einschätzung, die Anforderungen nicht erfüllen zu können, erhöht die Brisanz der Situation.

Neben den Unterrichtssituationen in denen Schülerinnen oder Schüler besonders exponiert sind, kann auch die konstante »Vergleichbarkeit« zwischen ihnen Scham hervorrufen. Trotz unterschiedlicher Leistungsvermögen wird für alle Schülerinnen und Schüler einer Lerngruppe dieselbe Skala als Bewertung zugrunde gelegt. Die Antizipation eines Scheiterns an dieser Skala kann zu Schamgefühlen führen.

Möglich ist auch der beschämende Vergleich mit einem Geschwister, dass auf der aktuell geltenden Skala ein Performanzmaß hinterlassen hat.

1.1.4 Fehler als mögliche Schamanlässe

Oser und Spychiger (2005, S. 11) halten »negatives Wissen« als »das Gegenteil von dem, was eine Sache ist« für konstitutiv für den menschlichen Erkenntnisprozess. Negatives Wissen, das zeigt, was eine Sache nicht ist, gibt damit dem »Zielkonstrukt« – dem zu erwerbenden Wissen über einen Begriff oder ein Konstrukt – Sicherheit. Das beste Mittel um negatives Wissen zu erwerben stellen Fehler dar.

Werden Fehler als Selektionskriterium eingesetzt, so werden Schülerinnen und Schüler beschämt und das oben beschriebene Ziel verfehlt. Mit Blick auf die Leistung- und Ergebnisorientierung des Schulunterrichts plädieren Oser und Spychiger dafür, von einer »Fehlervermeidungskultur« (ebd., S. 114) Abstand zu nehmen und Fehler nicht als Scham, sondern als Lernanlass zu sehen und zu behandeln.

1.1.5 Beschämung durch »besondere« Förderung

Situationen, die das Gefühl der Scham auslösen, können im allgemeinen Unterricht entstehen, aber auch durch eine »besondere« Förderung einzelner Schülerinnen oder Schüler. Dazu gehören der Besuch einer Förderschule aber auch die wohlgemeinte Unterstützung im Unterricht der Regelschule.

Beschämung durch den Besuch einer Förderschule

Schumann (2007) hat sich in ihrer Dissertation mit der Beschämung durch den Besuch einer Förderschule auseinandergesetzt. Ihre zentrale These lautet, dass die Schülerinnen und Schüler mit dem Besuch der Sonderschule[3] in eine »Schonraumfalle« (ebd., S. 15) geraten und dies »mit dem fast sicheren *sozialen Ausschluss* im Anschluss an die Sonderschule bezahlt wird« (ebd., S. 16).

Schumann hat Schülerinnen und Schüler der Sonderschule für Lernbehinderte (SfL) schriftlich befragt und Interviews mit ihnen geführt. Ermittelt werden sollten Be- bzw. Entlastungen der Sonderschülerinnen und -schüler sowie deren Bewältigungsstrategien, die bei der Überweisung auf die Sonderschule und ihrem weiteren Besuch entstanden bzw. eingesetzt wurden. Zusätzlich wurden Eltern befragt, um Einblick in die innerfamiliären Belastungen zu erfassen, die der Sonderschulbesuch mit sich brachte. Von zentralem Interesse waren dabei die an den Sonderschulstatus gebundenen Schamgefühle von Schülerinnen und Schülern und deren Eltern.

An der schriftlichen Befragung beteiligten sich 142 »Seiteneinsteiger/innen« und 55 »originäre Sonderschüler/innen« (Schumann, 2007, S. 100). Von den befragten Seiteneinsteiger/innen erklärten 41,7 Prozent: »Ich schäme mich, dass ich zur Sonderschule gehe.« Außerdem

3 Schumann verwendet in ihrer Arbeit grundsätzlich die Bezeichnung Sonderschule für Lernbehinderte (SfL). Die Bezeichnung »Förderschule« hält sie für einen Euphemismus, der die negative Etikettierung und Aussonderung beschönigt (Schumann, 2007, Fußnote S. 12).

gab ein Viertel der Schülerinnen und Schüler an, den Wechsel gegenüber Fremden zu verschweigen. Die Sonderschulüberweisung bildet, so Schumann (ebd., S. 102ff.), für diese große Gruppe von Schülerinnen und Schülern einen beschämenden Akt des Ausschlusses.

> »Er bescheinigt ihnen ihre Inferiorität gegenüber altersgleichen Schülern und Schülerinnen und setzt sie der negativen Deutungsmacht anderer aus, der sich einige durch Verschweigen ihres Sonderschulstatus zu entziehen suchen.« (ebd., S. 102)

Zusätzlich wurden 41 Interviews in die Auswertung einbezogen. Bei den Interviewten handelte es sich um 24 sogenannte Seiteneinsteigerinnen bzw. -einsteiger, sieben »Sonderschüler/innen« und zehn Kinder, die aus dem GU (Gemeinsamer Unterricht) der Grundschule in die Sonderschule gewechselt hatten (ebd., S. 119). Als Ergebnis wurde von Schumann festgehalten, dass

> »die *Beschämung* oder die *Missachtung des Anerkennungsbedürfnisses* wie ein *Leitmotiv* die *Schulbiografie* von Sonderschülern und Sonderschülerinnen durchzieht und sowohl von Mitschülern und Mitschülerinnen als auch – in einem unerwartet hohen Maße – in der Wahrnehmung der Schüler/innen von Lehrern und Lehrerinnen ausgeht« (ebd., S. 121).

Sowohl die schriftliche Befragung als auch die Interviews belegen, so Schumann (ebd., S. 125), dass das Selbstwertgefühl der befragten Schülerinnen und Schüler durch die »beschämende Wahrnehmung, als Sonderschüler defizitär, unterlegen und minderwertig zu sein in der Deutungsmacht der anderen, […]« (ebd., S. 125) sehr stark erschüttert ist und sogar das Alltagsverhalten der Schülerinnen und Schüler beeinflusst.

Beschämung durch individuelle Förderung im Regelunterricht

Schließlich kann nicht nur der Besuch einer Förderschule zu Schamsituationen führen. Auch individuelle Förderungen in Einzelsituationen oder zusätzliche Unterstützungsangebote im Unterricht der Regelschule bieten Gelegenheit für Schülerinnen und Schüler, Scham zu empfinden. Rabenstein (2014) versteht unter Lernen einen sozialen Prozess, »in dem sich Lernende vor anderen – etwa der Lehrkraft und den Mitschülern – in ein Verhältnis zur Sache und zu sich als Lernende setzen« (ebd., S. 68). Unter dieser Perspektive hat sie die individuelle Zuwendung einer Lehrkraft zu einem Schüler im Klassenraum beobachtet. Die Intervention der Lehrerin fand in einer Wochenplanstunde statt, in der die Klasse selbstständig arbeiten sollte. Die Handlungsmöglichkeiten des »hilfsbedürftigen« Schülers wurden durch die »Hilfe« der Lehrerin stark eingeschränkt. Er wurde weder gefragt, ob er Hilfe benötige, noch, welche Arbeitsschritte er plane. Rabenstein geht davon aus, dass Schülerinnen und Schüler, die von Lehrkräften als »hilfsbedürftig« identifiziert werden, mit einem häufigeren und direkteren, auch körperlichen Zugriff der Lehrkräfte konfrontiert sind. So wurden die Schülerinnen und Schüler z. B. an exponierte Stellen im Raum gesetzt, an denen sie besser beobachten werden konnten. Kleinschrittiges Vorgehen bei der Aufgabenbewältigung und insistierendes Befragen der Schülerinnen und Schüler führten dazu, dass sie »in die Position eines Prüflings« (ebd., S. 70) gerieten und dadurch beschämt waren. Insgesamt erlebten die Schülerinnen und Schüler den »Souveränitätsverlust« (ebd., S. 71) in einer wie soeben beschriebenen Fördersituation als beschämend. Ähnliche Effekte können auch die Herausnahme einer Schülerin oder eines Schülers aus dem Klassenverband zur Einzel- oder Kleingruppenförderung bewirken.

1.2 Schampotenziale in der pädagogischen Beziehung zwischen Lehrenden und Lernenden

Neben den strukturellen Bedingungen und Unterrichtssituationen, die Scham auslösen können, müssen auch die Beziehungsebene zwischen Lehrenden und Lernenden sowie das pädagogische Arbeitsbündnis auf mögliche Schampotenziale hin in den Fokus genommen werden.

1.2.1 Die Bedeutung der Anerkennung in der pädagogischen Beziehung zwischen Lehrenden und Lernenden

Prengel (2013) bemisst der Anerkennung in der pädagogischen Arbeit große Bedeutung zu. Anerkennung stellt für sie den »Steuerungsmodus« (Koinova-Zöllner, 2013, S. 4) der pädagogischen Beziehung zwischen Lehrkräften und Schülerinnen bzw. Schülern dar. Anerkennung wird benötigt, um schamfrei agieren zu können.

Anerkennungsentbehrungen können sich in Verachtung und Gewalt gegenüber anderen äußern (Marks, 2007) oder in Verschmelzungstendenzen und Unterordnung um am »Anerkennungsgenuss der Anderen zu partizipieren« (Prengel, 2013, S. 31).

Anerkennungsentbehrungen lösen Scham und die genannten Reaktionen aus.

Prengel (2013) greift in ihren Ausführungen die von Honneth (1992) konzipierten Anerkennungssphären der Liebe, des Rechts und der Wirtschaft auf.

Die Anerkennungssphäre der Liebe

Die solidarische Motivation auf Seiten der Lehrenden als Bestandteil der anerkennenden pädagogischen Beziehung kann der Anerkennungssphäre der Liebe zugeordnet werden. Diese stellt eine notwendige, wenn auch keine hinreichende Bedingung von Bildung dar und beinhaltet auch »entwicklungsförderliche Abgrenzungen und Zumutungen« (Prengel, 2013, S. 63). Mangelnde solidarische Anerkennung ist für Prengel »ein gefährlicher, teilweise zerstörerischer Kunstfehler« (ebd., S. 65).

Bleibt diese Anerkennung aus, so bekommen die für die Schule typischen Situationen wie Kontrolle der Hausaufgaben, Leistungskontrollen oder das Heranholen einzelner Schülerinnen oder Schülern an die Tafel, eine erhöhte Schamrelevanz.

Die Anerkennungssphäre des Rechts

Die Anerkennungssphäre des Rechts wird, so Prengel (2013), durch die Transparenz über die Rechte von Kindern und Jugendlichen und die Aufklärung über die Machtbefugnisse Erwachsener gewahrt. Denn das (öffentliche) Zugeständnis von Rechten gewährt Anerkennung und Respekt und verhindert Scham oder mildert sie ab. Aber auch in diesem Bereich können Schampotenziale entstehen. Wird ein Unrecht zugefügt oder die Rechte verweigert, so werden damit auch Anerkennung und Respekt verweigert. Diese Grenzverletzung gegenüber dem Subjekt kann auf Seiten des Subjekts Scham auslösen.

Die Anerkennungssphäre der sozialen Wertschätzung von Leistungen

Eine dritte Anerkennungssphäre bildet die soziale Wertschätzung von Leistungen (Prengel, 2013). Findet diese nicht statt und können Leistungsanforderungen nicht erfüllt werden, bleibt die Anerkennung in diesem Bereich aus und die Möglichkeit des Entstehens von Schamsituationen nimmt zu. Prengel (2013) nennt eine Reihe »angemessener Vorkehrungen« (ebd., S. 88) die die Anerkennung in diesem Bereich fördern und damit helfen vermeidbare Scham zu verhindern bzw. die beim Lernen unvermeidbare Scham zu mildern. Dazu gehören eine leistungsunabhängige Achtung eines jedes Kindes, die Trennung von Situationen des Lernens und der Leistungsüberprüfung und eine »didaktische Individualisierung« (ebd., S. 89) im Unterricht mit dem Angebot von passendem Lernmaterial, ausgehend vom individuellen Leistungsstand. Durch die Anwendung von kriterialen und individuellen Bezugsnormen wird der individuelle Lernstand gewürdigt und zusätzlich Lernmotivation geschaffen. Kinder sollen ihre Teilziele im Unterricht kennen und die eigenen Lernschritte kontrollieren können. Diskursives Nachdenken über Lösungswege ersetzt negative Rückmeldungen der Lehrkraft. Durch eine Kind-Umwelt-Analyse sollen die relationalen Bedingungen des Kindes für das Lernen berücksichtigt werden (Carle, 2005; Prengel, 2010). Schließlich soll dem Vergleich der Schülerinnen und Schüler die lernbeeinträchtigende Dominanz durch die Einführung eines mehrperspektivischen Leistungsbegriffs genommen werden.

Anerkennungserfahrungen bilden einen wichtigen Bestandteil des pädagogischen Arbeitsbündnisses zwischen Lehrkräften und ihren Schülerinnen und Schülern. Sie sind eine wichtige Voraussetzung um Schamerfahrungen auf das notwendige Maß zu beschränken. Dies macht Prengel (2013) in ihren Ausführungen und Beispielen sehr deutlich und zeigt die Relevanz anhand beschriebener Phänomene auf. Als Analyse bzw. Lösung setzt sie auf Appelle und Haltungen und entwickelt einen »Ethikcode« für den Unterricht. Eine tiefergehende Analyse der zugrunde liegenden Vorgänge fehlt.

1.2.2 Pädagogische Professionalität und der Umgang mit Scham

Im pädagogischen Arbeitsbündnis sind Lehrkräfte und ihre Schülerinnen und Schüler Träger unterschiedlicher sozialer Rollen. Dies hat Auswirkungen auf die Entstehung von und den Umgang mit Schamgefühlen und wird im Folgenden anhand Oevermanns (1996) Professionalisierungstheorie erläutert.

Die Struktur des pädagogischen Arbeitsbündnisses

Oevermann (1996) identifiziert drei Funktionen der schulischen Erziehung. Die Wissensvermittlung bildet die erste Funktion. Dazu gehört die Vermittlung von Erfahrungs- oder Traditionswissen aber auch die Kulturtechniken. Die zweite Funktion, die der Normenvermittlung, ist, so Oevermann (1996), verantwortlich für die »Bildung des mündigen Bürgers in der Befähigung zur selbstverantwortlichen Verfolgung des

Eigeninteresses unter der Bedingung der Achtung des anderen [...] und der Verpflichtung gegenüber dem Gemeinwohl andererseits« (ebd., S. 145). Oevermann (1996) spricht der pädagogischen Praxis außerdem noch eine implizite therapeutische Funktion zu. Diese ergibt sich aus der mit den Schülerinnen und Schülern bestehenden Interaktionspraxis. In dieser Praxis werden Wissens- und Normenvermittlung für die Schülerinnen und Schüler als ganze Person relevant, denn Autonomie und Rollenhandlungsfähigkeit sind für Oevermann mindestens bis zum Ende der Pubertät bei Schülerinnen und Schülern ungefestigt. Die Beziehung zwischen Schülerinnen und Schülern und Lehrkräften weist deshalb sowohl rollenförmige, spezifische Elemente als auch diffuse und nicht rollenförmige Elemente auf. Die diffusen Komponenten der Beziehung bestehen auf Seiten der Schülerinnen und Schülern darin, dass sie sich der Lehrerin oder dem Lehrer als ganze Person anvertrauen. Sie werden als ganze Person adressiert und sind auch als ganze Person betroffen. Sie sind noch nicht in der Lage, sich selbst und ihre Integrität selbstständig zu schützen. Die Beziehung zur Lehrkraft endet, wenn die Schülerin oder der Schüler als Person nicht mehr anwesend ist.

Zur Restriktivität der spezifischen Rollenbeziehung, bei der die Rolle auch dann beibehalten wird, wenn das Personal wechselt, sind nur die Lehrkräfte befähigt, so Oevermann (1996, S. 149).

Lehrerinnen und Lehrer müssen bei ihren Unterrichtsangeboten spezifische und diffuse Anteile kombinieren. D.h. es sollte in den Schülerinnen und Schülern sowohl das noch nicht erwachsene, bedürftige Kind gesehen werden als auch der Träger einer spezifischen (zukünftigen) Rolle (ebd., S. 154). Wird diese widersprüchliche Einheit nicht aufrechterhalten und kann nicht in ein funktionales Arbeitsbündnis überführt werden, so werden die Lehrkräfte ihren Schülerinnen und Schülern nicht gerecht. Ein lernförderliches und persönlichkeitsbildendes Klima kann nicht entstehen.

Das angestrebte Arbeitsbündnis basiert auf der stellvertretenden Deutung des Handelns der Schülerinnen und Schüler durch die Lehrkräfte.

Diese beziehen dabei die konkrete biografische Situation der Schülerin bzw. des Schülers ein und erfassen dadurch die Sinnstruktur des Mitgeteilten oder Gemeinten (ebd., S. 156) der Schülerin bzw. des Schülers.

Mit Oevermann (1996) kann auf die besondere pädagogische Ausformung des Zusammenhangs zwischen Übertragung und Gegenübertragung im pädagogischen Arbeitsbündnis verwiesen werden. Diese ergibt sich im Regelfall aus der noch nicht abgeschlossenen psychosozialen Entwicklung der Schülerinnen und Schüler, die Gefühle aus den diffusen familialen Beziehungen entwicklungspsychologisch bedingt auf die Beziehung zur Lehrkraft übertragen.

Im optimalen Fall sind Lehrkräfte in der Lage, die hierzu gehörenden Gegenübertragungsgefühle zwar innerlich zuzulassen aber nicht auszuagieren (ebd., S. 159).

Schampotenziale im pädagogischen Arbeitsbündnis

Die widersprüchliche Einheit von diffuser und spezifischer Sozialbeziehung, durch die das pädagogische Arbeitsbündnis geprägt ist, kann das Entstehen und den Umgang mit Schamgefühlen beeinflussen. Schülerinnen und Schüler als Träger der diffusen Anteile sind viel stärker als ihre Lehrkräfte der Unmittelbarkeit des Erlebens ausgesetzt. Da sie als ganze Person betroffen sind, fehlt ihnen die Möglichkeit oder es fällt ihnen zumindest sehr schwer, sich von schambehafteten Situationen und Erlebnissen zu distanzieren.

Je weniger Lehrkräfte in funktionaler Weise mit eigenen Schamgefühlen umgehen können und je geringer sie allgemein zur Regulation ihrer Affekte in der Lage sind, desto größer ist die Wahrscheinlichkeit, dass sie ihre spezifische Rolle verlassen und diffuse Komponenten in das Arbeitsbündnis mit ihren Schülerinnen und Schülern einbringen. Sie agieren also wie ihre Schülerinnen und Schüler als ganze Personen. Überwiegt aber der diffuse Beziehungsmodus, kann die Aufgabe der stellvertretenden Deutung nicht mehr wahrgenommen werden. In diesem Fall wird die Bedeutung des biografischen Hintergrundes von Kindern oder Jugendlichen durch ihre Lehrkräfte nicht erkannt und die Sinnstruktur der Mitteilungen bleibt unerkannt. Werden dann noch die Gegenübertragungsgefühle ausagiert, steigt die Wahrscheinlichkeit, dass für das pädagogische Arbeitsbündnis nicht förderliche Schamsituationen entstehen.

In Schulklassen gibt es häufig keine direkte Hilfe, und sei es nur eine weitere erwachsene Person im Raum, deren Anwesenheit die Lehrkraft dabei unterstützt, ihre spezifische Rolle zu wahren und nicht auf die diffuse Beziehungsebene zu wechseln. Dadurch sind Schülerinnen und Schüler den von ihren Lehrkräften ausagierten Gegenübertragungsgefühlen mit ihrer ganzen Persönlichkeit ungeschützt ausgesetzt. Sind sie in diesem Bereich vulnerabel, z. B. durch unsichere Bindungserfahrungen oder das Erleben des eigenen Liebesunwertes in der frühen Kindheit, betrifft es sie besonders, weil sie auf die stellvertretende Deutung ihrer Mitteilungen mehr als andere angewiesen sind. Fehlt es ihnen aber an einer angemessenen Unterstützung, um trotz bisher wenig förderlicher Erfahrungen emotionale Kompetenzen zu entwickeln, die sie befähigen, das schulische Lernen erfolgreich zu meistern, bestärkt sie dies womöglich in ihrer Überzeugung des eigenen Liebesunwertes[4] und beschämt sie.

Grundsätzlich kann die Kombination von bestimmen Lerninhalten mit Beschämungssituationen den Wissenserwerb beeinträchtigen oder sogar konterkarieren. Nämlich dann, wenn der Lerninhalt derart an das Schamerleben der Schülerinnen und Schüler, bewusst oder unbewusst, andockt, dass die inhaltliche Auseinandersetzung zugunsten der Emotionsregulation auf Seiten des Kindes oder Jugendlichen zurückgestellt werden muss.

Wird bei der Vermittlung von Normen die Lebenswelt der Schülerinnen und Schüler nicht anerkannt oder sogar herabgesetzt, kann dies Beschämung auslösen.

Grundsätzlich erfordert die Regulation von subjektiv übermächtigen Schamgefühlen, die zu den unvermeidlichen Schamgefühlen beim

---

4 Siehe Kapitel 2.5.6.

Lernen hinzukommen, Energie. Diese steht für die inhaltliche Auseinandersetzung mit dem Unterrichtsstoff nicht zur Verfügung. Diese Prozesse können durch die Erkenntnisse, die die stellvertretende Deutung des Verhaltens von Schülerinnen und Schülern vermitteln und entsprechendes pädagogisches Handeln vermieden bzw. abgemildert werden.

Durch die Mischung von diffuser Sozialbeziehung auf Seiten der Schülerinnen und Schüler und spezifischer Sozialbeziehung auf Seiten der Lehrkräfte bilden Schülerinnen und Schüler den abhängigeren und verletzlicheren Teil der Beziehung. Lehrkräfte besitzen einen viel nachhaltigeren Einfluss auf die Persönlichkeitsentwicklung der Schülerinnen und Schüler als umgekehrt.

Das pädagogische Arbeitsbündnis mit allen Widersprüchlichkeiten und Spannungen kann von den Lehrkräften umso förderlicher ausgestaltet werden, je reflektierter und souveräner sie ihre eigenen Affekte regulieren können.

1.3 Schampotenziale in der Beziehung zwischen Schülerinnen und Schülern

Die beschriebene Rollendifferenz existiert nicht zwischen den Schülerinnen und Schüler einer Klasse. Diese Beziehungen sind von ihrer grundlegenden Struktur her symmetrisch (Bohnsack, 2013). Allerdings können die institutionellen Rahmenbedingungen mit Konkurrenz- und Selektionsdruck Konflikte fördern, bei denen dann wiederum die Schamfähigkeit der beteiligten Konfliktpartnerinnen und -partnern eine Rolle spielt. Ob und wie Beziehungen (symmetrisch) verlaufen, hängt damit auch von den emotionsregulativen Fähigkeiten ab, über die die Kinder und Jugendlichen verfügen.

Mit Oswald und Krappmann (2000) lassen sich in der Schule unterschiedliche Handlungsfelder identifizieren, in denen die individuellen emotionsregulativen Kompetenzen wirken. Diese Handlungsfelder werden im Folgenden unter dem Blickwinkel ihrer Schampotenziale betrachtet.

1.3.1 Das Handlungsfeld der Hilfeleistungen

Schülerinnen und Schüler bitten im Schulalltag ihre Mitschülerinnen und Mitschüler um Hilfe oder werden von den Lehrpersonen angehalten, sich gegenseitig zu helfen. Die entstehenden Partnerschaften von Helfenden und Hilfesuchenden sind dann häufig, im Gegensatz zu außerschulischen alltäglichen Hilfesituationen, keine freiwillig eingegangenen Beziehungen. Dies kann von Schülerinnen und Schülern als grenzüberschreitender Eingriff und als Verlust von Autonomie erlebt werden und damit durchaus schamrelevant sein.

In etwa 40 Prozent der schulischen Hilfesituationen wird das Hilfegesuch entweder gar nicht oder mit Tadel und Zurechtweisung verbunden gewährt (Oswald & Krappmann, 2000; Krappmann & Oswald, 1988). Hilfesituationen können also durchaus prekär sein. Es kann sich ein Machtgefälle offenbaren, bei dem der Hilfesuchende Beschämung erfährt und der Helfende Dominanz herstellen kann. Sind immer dieselben Schülerinnen bzw. Schüler die Hilfesuchende und fungieren immer dieselben Schülerinnen und Schüler als Helfende, so kann es zu asymmetrischen Beziehungskonstellationen kommen. Diese halten für die beteiligten Personen ein Schampotenzial bereit. Die bzw. der Hilfesuchende fühlt sich durch das öffentlich gewordene Angewiesensein auf Hilfe möglicherweise beschämt und auch Helfende können sich durch die Exponiertheit der Situation beschämt fühlen. Können Helfende die gewünschte Hilfe nicht erbringen, kann dies ebenfalls Schamgefühle auslösen. Vermutlich ist Helfen umso problematischer, je stärker es in einen kompetitiven Kontext eingebunden ist.

1.3.2 Das Handlungsfeld der Normverletzungen

Schülerinnen und Schüler, insbesondere der Primarstufe, reagieren häufig sensibel auf empfundene Norm- oder Regelverletzungen durch Mitschülerinnen und Mitschüler. Die kindlichen Reaktionen darauf beziehen sich häufig auf Wiedergutmachungen oder zukünftige Unterlassungen der Verstöße. Es kann aber auch zu Reaktionen wie

Beschimpfungen, Drohungen, Tritten o. ä. kommen. Diese Reaktionen sind von einer Vergeltungsabsicht geprägt (Oswald & Krappmann, 2000). Dies kann für die auf diese Weise sanktionierten Mitschülerinnen bzw. Mitschüler sehr beschämend sein. Mit der Herabsetzung anderer und deren Beschämung können aber auch eigene Schamgefühle der »Sanktionierer« abgewehrt werden. Schülerinnen und Schüler, denen der auf einer funktionalen Schamfähigkeit basierende Takt[5] fehlt, haben, je nach individueller psychischer Verfasstheit Probleme, die Grenzen ihrer Mitschülerinnen und Mitschüler wahrzunehmen und zu akzeptieren. Dies erhöht die Wahrscheinlichkeit für Konflikte in der Beziehung zu ihren Mitschülerinnen und Mitschüler sowie damit ebenfalls die Wahrscheinlichkeit als »Regelbrecher/in« oder »Störer/in« stigmatisiert zu werden.

1.3.3 Die Benotung von Schulleistungen

Schulleistungen bzw. deren Benotung können häufig Schamanlässe sein. Dabei wirken sowohl der erlebte Übergriff der Bewertung von außen als auch das vergebene Prädikat jeweils für sich schamrelevant. Dazu trägt das Phänomen bei, dass viele Schülerinnen und Schüler Noten nicht nur als Rückmeldung zu ihren Lernleistungen, sondern gleichzeitig als Aussage über die Akzeptanz ihrer Persönlichkeit auffassen (Bohnsack, 2013, S. 193). Schlimmstenfalls benutzen Lehrkräfte Benotungen tatsächlich zu diesem Zweck. Innerhalb der Klasse können Noten über den Rangplatz und den Status entscheiden und zur Beschämung führen. Und zwar umso stärker, je kompetitiver das Klassenklima ist. Dabei können sowohl Schulnoten, die als gut angesehen werden, als auch Schulnoten, die als schlecht angesehen werden, schamrelevant sein. Schülerinnen und Schüler gehen, entsprechend der Ausbildung ihrer Schamfähigkeit und ihrer Fähigkeit zur Emotionsregulation, unterschiedlich mit diesen Herausforderungen um.

5 Siehe Kapitel 4.1.

Bei einer hinreichend funktionalen Schamausbildung bleiben sie vermutlich unbelasteter durch »schlechte« Schulnoten. Der Energieaufwand für die eigene Emotionsregulation bleibt gering und es kann in Zukunft vermehrt Energie für die Auseinandersetzung mit schulischen Lernstoffen aufgewendet werden. Dadurch können die Schulleistungsnoten zukünftig verbessert werden. Die Fähigkeit zum konstruktiven Umgang mit Scham bildet in diesem Fall einen protektiven Faktor bzw. eine Ressource.

Können schamfähige Schülerinnen und Schüler »gute« Schulnoten erreichen, wird deren Selbstüberzeugung gestärkt und sie erreichen beim nächsten Test oder der nächsten Arbeit womöglich noch bessere Noten. Da sie wenig Energie für ihre Emotionsregulation aufbringen müssen, können sie sich intensiv ihrem Explorationswillen widmen und für sich neue Wissensgebiete erschließen oder Kenntnisse vertiefen.

Vermutlich werden Schülerinnen und Schüler mit einer ausreichend ausgebildeten Schamfähigkeit seltener eine Opferrolle in der Klasse einnehmen. Sie können sich aufgrund ihrer emotionalen Kapazitäten im Klassenverband eher solidarisch verhalten. Sie kommen in heterogenen Gruppen gut zurecht und können diese womöglich für die eigene Persönlichkeitsentwicklung nutzen. Besitzen sie die Fähigkeit zur Perspektivenübernahme, dann ist auch die Unterscheidung möglich zwischen dem, was man ist, also der Persönlichkeit, und der erreichten Schulnote.

Bei Schülerinnen und Schülern, die über keine hinreichende Kompetenz im Umgang mit den eigenen Schamgefühlen, oder auch denen anderer, verfügen, haben Noten eine ganz andere Wirkung. So ist es möglich, dass bei mangelnder Schamkompetenz eine »gute« Schulnote nicht angenommen werden kann. Denkbar ist ein instabiler Zustand durch die Diskrepanz zwischen einem negativen, beschämenden Selbstbild und der äußeren Rückmeldung durch eine »gute« Note. Dieser unangenehme Zustand wird dadurch gelöst, dass die Schülerin oder der Schüler in Zukunft unter dem individuelleb Potenzial bleibt und die Leistungen reduziert. Er bzw. sie bleibt damit quasi dem eigenen Selbstbild treu.

Für Schülerinnen und Schüler, die im Umgang mit Scham Probleme haben, sind »schlechte« Schulnoten ein weiterer Anlass sich zu schämen. Da dann scheinbar Fremd- und Selbstbild übereinstimmen, werden sie noch bestärkt in ihrer beschämten Haltung. Ihre psychische Energie benötigen sie für ihre Emotionsregulation. Denkbar ist auch die Aktivierung von Abwehrmechanismen gegenüber der Scham. Diese können, je nach individueller Ausprägung, die soziale Integration in die Klasse und den Lernprozess behindern.

1.3.4 Soziale Interaktionen

Die sozialen Interaktionen von Kindern und Jugendlichen innerhalb und außerhalb des Unterrichts bieten reichlich Schamgelegenheiten. Denn jede Interaktion ist eine Grenzerfahrung, die, wie im zweiten Kapitel beschrieben wird, Scham als Schnittstellenaffekt zwischen Selbst und anderen entstehen lässt. Es muss kontinuierlich austariert werden, wo das eigene Selbst seine Grenze hat und wo die Grenze des Gegenübers liegt. Die Beziehungen untereinander erfordern daher ständige Emotionsregulation. Im günstigsten Fall werden die Grenzen der anderen akzeptiert und es entstehen Beziehungen, die auf Wechselseitigkeit beruhen.

Dabei hilft die Signalfunktion der Scham, indem sie im gelungenen Fall entweder als Takt auf die Grenzen des Objekts aufmerksam macht oder das Kind oder den Jugendlichen veranlasst, sich zum Schutz des eigenen Selbst zurückzuziehen.

Fehlen diese Kompetenzen, können Konflikte in den Interaktionen und Beziehungen entstehen. Funktioniert die Ich-Du-Unterscheidung nicht ausreichend, kann es zu Übergriffen kommen. Seelische oder körperliche Verletzungen können zunehmen. Kann der andere nicht als eigenständige seelische Entität verstanden werden, also nicht mentalisiert werden, so kann z. B. eine Schmerzäußerung des Gegenübers in einer körperlichen Auseinandersetzung nicht verstanden werden.

Die Häufigkeit empfundener Provokationen kann zunehmen oder provokantes Verhalten tritt als Abwehrmechanismus auf. Bei einer hinreichend guten Emotionsregulation und der Fähigkeit mit fremder und eigener Scham angemessen umzugehen, werden Schamsituationen seelisch unversehrt überstanden. Kinder oder Jugendliche, die in diesen Bereichen vulnerabel sind und auf wenige Kompetenzen zurückgreifen können, werden in ihrer dysfunktionalen Schamhaltung bestärkt.

Oswald und Krappmann (2000) haben bei ihrer Untersuchung Situationen in denen Kinder bei körperlichen Attacken geweint haben mit ähnlichen Gelegenheiten verglichen, in denen die Kinder nicht geweint haben. Sie kamen zu dem Ergebnis, dass weder die Stärke des körperlichen Schmerzes noch die Geschlechtsspezifik den entscheidenden Unterschied bildeten. Entscheidend war, so die Forscher, das Ausmaß der Verletzung des Selbst durch den Konflikt. Wurde bei einer Attacke z. B. mimisch oder gestisch Geringschätzung oder Missachtung gegenüber dem Kontrahenten ausgedrückt, so konnten die Tränen zumeist nicht zurückgehalten werden. Diese Beobachtung macht auf die besondere Bedeutung von Scham und die Schmerzhaftigkeit eines beschämenden Grenzübertrittes gegenüber dem Selbst aufmerksam, wie es auch in der Beziehung zwischen Schülerinnen und Schülern möglich ist.

1.3.5 Schule als Viktimisierungsort und die Bedeutung des Klassenklimas

Die institutionellen Rahmenbedingungen der Schule sind nicht per se förderlich für die Entwicklung der Schamfähigkeit und der Emotionsregulation. So kann Schule neben einem Sozialisationsort auch ein potenzieller Ort der Viktimisierung sein. Das Kriminologische Forschungsinstitut Niedersachsen (Baier et al., 2009) fand bei einer repräsentativen Stichprobenuntersuchung mit über 40.000 Neuntklässlern heraus, dass die häufigste Übergriffsform in der Schule das Hänseln durch Mitschülerinnen und Mitschüler ist (43,9 Prozent). Das Spektrum reichte von 27,3 Prozent der Schülerinnen und Schüler, die das ein- oder zweimal erlebt hatten bis zu 3,1 Prozent, die mehrmals in der Woche Opfer wurden. 20,2 Prozent berichteten von der Nichtbeachtung durch andere und 20,9 Prozent von Schlägen und Tritten. Diese beschriebenen Übergriffe sind für die Opfer stark schambesetzt.

Entscheidend für den Umgang der Schülerinnen und Schüler miteinander und ihren Umgang mit Scham und Beschämung ist, neben den individuellen Voraussetzungen, die in der Klasse herrschende Kultur des Miteinanders. Diese wird maßgeblich durch die Haltung der Lehrperson und ihrer Fähigkeit bestimmt, mit eigenen Gefühlen angemessen und professionell umzugehen. Lehrkräfte mit ausreichend ausgebildeten emotionsregulativen Kompetenzen können ein wertschätzendes heterogenitätsachtendes Klima herstellen, in dem die beschriebenen Übergriffe seltener auftreten. Sie sind im optimalen Fall in der Lage durch eine stellvertretende Deutung die Sinnstruktur des Handelns von Schülerinnen und Schülern zu verstehen und eine entsprechende Förderung zu konzipieren. Bindungsunsichere Schülerinnen und Schüler können in einem wertschätzenden Klima ihre Kompetenzen im Bereich der Emotionsregulation und der Schamfähigkeit üben und erweitern.

In einem Klima, in dem es regelmäßig zur Beschämung von Schülerinnen und Schülern kommt, sei es durch Mitschülerinnen und Mitschüler oder Lehrkräfte, leiden besonders jene Schülerinnen und Schüler, die in diesem Bereich vulnerabel sind. Sie werden in ihrer Überzeugung des eigenen Unwertes bestärkt und greifen auf Bewältigungs- und Abwehrmechanismen zurück, die in der Institution Schule dysfunktional wirken. Kompetenzen im Bereich der Emotionsregulation können diese Schülerinnen und Schüler dann nicht erwerben.

2. Der Affekt der Scham

In diesem Kapitel wird die Bedeutung des Schamaffekts für das Subjekt, seine psychische Entwicklung und seine Fähigkeit reziproke Beziehungen zu führen, dargestellt. Diese besondere Relevanz sowie die Aktualität und Präsenz von Scham in der Schule sprechen dafür, dem Affekt der Scham in Schule und Pädagogik mehr Aufmerksamkeit zu widmen. Zur Bestimmung des Verhältnisses von Scham und Mentalisierung[6] dient die Alteritätstheorie von Seidler (2015) als Hintergrundtheorie. Insbesondere das alteritätstheoretische Verständnis von Scham als Schnittstellenaffekt zwischen Selbst und Anderem ermöglicht es, den Zusammenhang zwischen Scham und Mentalisierung darzustellen. Ein weiterer Fokus des Kapitels liegt auf der Bedeutung der Maskierung und Abwehr von Scham, wenn diese als überwältigend erlebt wird.

Die meisten Menschen kennen das Gefühl, sich *bis ins Mark* oder *in Grund und Boden* zu schämen. Wünsche wie *die Erde möge sich auftun und einen verschlucken* tauchen in beschämend erlebten Situationen auf. Die Anlässe, Scham zu empfinden können sehr vielfältig und sehr individuell sein. Dem Schamgefühl zugrunde liegt eine vom Subjekt wahrgenommene eigene Schwäche (Hilgers, 2013), die sich vor einem äußeren oder einem verinnerlichten Anderen auftut. Aus dieser Wahrnehmung heraus ergibt sich eine Diskrepanz zwischen Ich und Ich-Ideal. Die wahrgenommene Diskrepanz führt zum Gefühl der Beschämung. Im Gegensatz zum Schuldgefühl, dem eine Verletzung

6 Fonagy et al. (2006) verstehen unter Mentalisierung die Fähigkeit, die eigene und andere Personen als Wesen mit geistig-seelischen Zuständen zu sehen und diese als handlungsleitend anzuerkennen. Erworben wird die Fähigkeit in den frühen Bindungsbeziehungen. Dieser sozial-interaktionistische Ansatz von Fonagy et al. (2006) wird im dritten Kapitel ausführlich dargestellt.

eines anderen zugrunde liegt (Wurmser, 1981, 2007), liegt bei der Scham eine Verletzung des Selbst vor.

2.1 Die konstruktive Wirkung von Scham

Folgen wir Hilgers (2013, S. 17ff.), so ist Scham kein grundsätzlich pathologisches Gefühl und auch nicht an ein bestimmtes Lebensalter gebunden. Ein gewisses Ausmaß an Schamfähigkeit wirkt konstruktiv auf das Identitätskonzept und die Beziehungen zu anderen. Diese konstruktive Wirkung stellt sich ein, wenn Scham das Subjekt nicht überwältigt, bewusst wahrgenommen und gedacht werden kann und Abwehrmechanismen nicht überwiegen.

Selbstentwicklung und Selbstaktualisierung werden lebenslang von Schamkonflikten begleitet (ebd., S. 46). Unterschiedliche Empfindungen wie Scham oder Verlegenheit gegenüber Idealen oder als Schutz vor Verletzung von Intimität dienen als Regulationsmechanismen und als Signal für das Selbst, die Beziehung zu sich oder anderen zu überprüfen bzw. zu aktualisieren.

Macht das Schamgefühl auf Grenzübertritte aufmerksam, kann es das Subjekt veranlassen, eine schamrelevante Situation zu verändern oder zu verlassen. Damit kann eine noch größere Scham verhindert werden. Scham kann als Motivation für Leistung oder Autonomieentwicklung dienen. Durch größere Eigenständigkeit oder Kompetenzen kann das Subjekt eine beschämende Abhängigkeit vermeiden (ebd., S. 20).

Als »Gefühlsäquivalent« zu Scham kann Stolz angesehen werden, denn Stolz basiert auf einer Erfahrung von Kompetenz und diese verringert die Diskrepanz zwischen Ich-Ideal und Ich.

2.2 Scham als selbstreflexiver Affekt

In der wissenschaftlichen Literatur (z. B. Lewis, 1993, S. 26) wird zwischen primären und komplexeren Emotionen unterschieden. Zu den primären Emotionen gehören sogenannte einfache Alltagsemotionen wie Freude, Trauer, Furcht, Ekel, Interesse und Zorn. Diese werden außerdem von den nicht-kognitiven Körperempfindungen wie Hunger oder Müdigkeit unterschieden. Als komplexere Emotionen gelten die selbstreflexiven Emotionen, die der inneren Lenkung von Denken und Handeln dienen. Dazu zählen beispielsweise Neid, Schuld, Bedauern, Stolz und auch Scham.

Für die primären Emotionen wird eine genetische Grundlage angenommen und ihr Ursprung liegt in Verhaltensmustern, die im Laufe der Evolution herausgebildet wurden. Diese sollten helfen, Anpassungsprobleme von Individuen zu lösen und diese zu schnellem Handeln zu befähigen (Franken, 2010). Folgt man Krause (1998, S. 29), so dienen die primären Emotionen der Beziehungsregulierung und zwar dadurch, dass sie durch visuelle Signale erkennbar sind. Sie können von den Mitmenschen »gelesen« werden. Viele der evolutionspsychologisch orientierten Modelle nehmen eine bestimmte Anzahl elementarer Emotionen mit unterschiedlichen Funktionen und Auswirkungen an.

Allerdings gibt es keinen Konsens über die Anzahl der Primäremotionen und welche Emotionen dazu gehören. Izard (1994) nennt zehn: Interesse, Leid, Widerwillen, Freude, Zorn, Überraschung, Scham, Furcht, Verachtung und Schuldgefühl. Tomkins (1963) neun: Interesse, Freude, Überraschung, Kummer, Furcht, Ekel, Ärger, Verachtung und Scham. Ekmann (1992) sechs: Ekel, Freude, Furcht, Traurigkeit, Überraschung und Wut.

Eine weitere Möglichkeit der Klassifikation von Emotionen bietet – basierend auf Plutchiks These (1962), dass primäre oder Basisemotionen nicht von Introspektion abhängen – die Klassifikation von Emotionen im Hinblick auf die Beteiligung des Selbst. Die Auslösung von Freude, Furcht, Trauer, Ekel, Interesse oder Zorn erfordert keine Bezugnahme auf das Selbst, während Eifersucht, Neid, Schuld, Stolz und Scham ebendies erfordern. In diesem Sinne unterscheidet auch Lewis (1993) Emotionen mit und ohne Selbstbezug. Wobei Emotionen, die auf das Selbst Bezug nehmen, sich im Lebenslauf später zeigen, als jene ohne Selbstbezug.

Scham als Schnittstellenaffekt, der die Grenze zwischen Subjekt und Objekt markiert, nimmt eine Sonderrolle ein. Der Affekt ist einerseits direkt auf das Selbst bezogen, denn von Scham ist das ganze Selbst betroffen. Andererseits hat er im alteritätstheoretischen Sinne[7] immer auch eine beziehungsregulierende Funktion. So verstanden ist Scham weder den primären noch den selbstreflexiven Affekten eindeutig zuzuordnen.

Die Schmerzhaftigkeit der Scham resultiert aus dem Beziehungsgeschehen in dem das Subjekt seine Grenze erfährt und durch eine Bewertung »objektiviert« wird. Dies erklärt auch, warum Menschen in Situationen Scham empfinden, in denen sie ein Lob erfahren. Hier geht es nicht um den Inhalt einer Wertung, sondern um die Erfahrung an sich, bewertet zu werden.

2.3 Beobachtbare Schamphänomene

Wie viele andere Affekte kann sich auch das Schamgefühl physiologisch äußern. So ist das Erröten als eine Funktion des vegetativen Nervensystems eine Begleiterscheinung von Scham. Erröten macht die Scham sichtbar und kann damit die Ursache weiterer Scham bilden (Tomkins, 1963; Izard, 1999). Die Aufmerksamkeit anderer wird auf die sichtbare Verlegenheit gelenkt. Scham die bereits entstanden ist, wird verstärkt und verschlimmert sich noch durch die Aufmerksamkeit eines Beobachters.

Wurmser (2007, S. 79) verwendet den Ausdruck der »brennenden Scham«. Das Erröten wird mit Feuer assoziiert und löst bei den Betroffenen tatsächlich ein Gefühl von Hitze oder Brennen aus. Allerdings berichten Menschen auch von Schamerleben ohne zu Erröten (Izard, 1999, S. 431ff.) und zwischen den Lebensaltern bestehen große individuelle Unterschiede hinsichtlich der Häufigkeit zu erröten. Kin-

7 Scham wird in Seidlers Alteritätstheorie (Seidler, 2015) als Schnittstellenaffekt verstanden, der für das Subjekt die Grenze zwischen Selbst und Anderem markiert. Im weiteren Verlauf des vorliegenden Kapitels wird das alteritätstheoretische Verständnis von Scham ausführlich erläutert.

der und Jugendliche erröten im Allgemeinen schneller als Erwachsene. Forschungen über die Kontrolle vegetativer Phänomene durch Biofeedback-Methoden lassen vermuten, dass das Erröten im Verlauf der individuellen Entwicklung unter die vegetative Kontrolle gebracht werden kann.

Als weitere Schamanzeichen können das Blickvermeiden durch das Niederschlagen der Augen, das Wenden des Kopfes Richtung Boden oder auch das in sich Zusammensinken gelten. Diese körperlichen Merkmale entsprechen dem Wunsch des Beschämten, sich zu verbergen, am liebsten ganz zu verschwinden und so der empfundenen Scham zu entgehen. Insbesondere das Blickvermeiden kann den Rückzug hinter die eigene Grenze und damit eine Reaktion auf einen »Grenzübertritt«, verstanden als das Überschreiten der individuellen Intimitätsgrenzen des Selbst, bedeuten.

Wurmser (2007, S. 80) ergänzt, dass die Versteinerung des Gesichtsausdrucks über die Ausdruckslosigkeit zum »Verschleiern« der Realität und damit der Scham führt.

Die Stimme kann sich unter dem Einfluss von Schamgefühlen in Lautstärke und Tonqualität verändern, ebenso die Mimik. Lachen kann eine Schamreaktion sein und Selbstberührungen als Schamsignal sind für Seidler (2015) »reflektorische Gesten« (S. 25) und stellen den Versuch dar, den Kontakt mit sich selbst herzustellen.

Phänomenologisch führt Scham zum Wunsch sich zu verbergen, zu verschwinden oder sogar zu sterben (Lewis, 1993, S. 107).

Während des Schamgeschehens ist der emotionale Zustand sehr intensiv und da das gesamte Selbst betroffen ist, ist es sehr schwer, diese Emotion zu zerstreuen. Um dem überwältigenden Gefühl, den Blicken der anderen und der Preisgabe intimer Geheimnisse wehrlos ausgeliefert zu sein, zu entgehen, wird Scham oft abgewehrt, maskiert oder verhüllt, (Wurmser, 2007). Das Verbergen, Maskieren und Abwehren von Scham[8] bezieht sich aber nicht nur auf mögliche äußere

8 Die Maskierungen und Abwehrformen von Scham werden in diesem Kapitel ab Abschnitt 2.5 ausführlich dargestellt.

Beobachter, es kann sich auch auf den »inneren Blick« (Hilgers, 2013, S. 15), den Blick auf das eigene Selbst, beziehen.

2.4 Scham aus alteritätstheoretischer Sicht

Ausgehend davon, dass die beschriebenen Phänomene von Scham und Beschämung in Schule und Unterricht nur mit einem Verständnis für die zugrundeliegenden Prozesse vollständig erfasst und analysiert werden können, wird in diesem Werk auf das alteritätstheoretische Verständnis von Scham als Reflexionshintergrund zurückgegriffen. Dieses bietet die Gelegenheit, die Entstehung der jeweiligen individuellen Schamfähigkeit nachzuvollziehen und die Bedeutung von Scham in Beziehungsprozessen und umgekehrt die Bedeutung von Beziehungsprozessen für die Ausbildung der Schamfähigkeit zu zeigen. Da in der Schule eine hohe »Beziehungsdichte« herrscht und durch die schulischen Leistungskontrollen und Leistungsvergleiche institutionell reichhaltig Schamgelegenheiten gegeben sind, bildet die Alteritätstheorie einen erkenntnisbringenden Zugang.

2.4.1 Die Seidler'sche Alteritätstheorie

Der Psychiater und Psychoanalytiker Günter Seidler nimmt für die von ihm entwickelte Alteritätstheorie verschiedene Ausgangspunkte in der klassischen psychoanalytischen Theorie. Insbesondere Freuds Vorstellungen zur psychosexuellen Entwicklung und die Erkenntnisse der modernen Säuglingsforschung fließen in seine Theorie ein.

Einen weiteren wichtigen Bezugspunkt bilden die Objektbeziehungstheorien. Hier sind Ansätze versammelt, denen gemeinsam ist, dass sie die Aufmerksamkeit nicht mehr wie Freud ausschließlich auf die Triebentwicklung richten. Stattdessen stellen sie die Beziehung des Kindes zu seinem sozialen Umfeld und die Vorstellungen des Kindes über sich und seine Bezugspersonen in den Vordergrund. Die im frühen Eltern-Kind-Dialog, sprich in den Objektbeziehungen, erworbenen Beziehungserfahrungen bilden die Grundlage des Selbstverständnisses und der Entwicklung der Ich-Funktionen. Im Sinne der Objektbeziehungstheorien wird der Mensch nur durch die Beziehung zu anderen zum Menschen.

Selbstreflexivität

Seidler erweiterte in seiner Alteritätstheorie das in den Objektbeziehungstheorien vorherrschende Beziehungskonzept, denn er geht davon aus, dass Subjekt und Objekt in einem unabdingbaren Wechselseitigkeitsverhältnis zueinanderstehen (Seidler, 1997, S. 120/121). Subjekt und Objekt sind in der alteritätstheoretischen Vorstellung von einander abhängige Entitäten. Das Subjekt wird erst durch seine Beziehung zum Objekt ein Subjekt und umgekehrt. Beziehungen sind immer durch Wechselseitigkeitsprozesse bestimmt. Durch diese Wechselseitigkeit und die dafür charakteristische (wechselseitige) Wahrnehmung kommt es erst zur Subjektgenese. Der Erwerb der Fähigkeit zur Selbstreflexivität gehört ebenfalls in diesen Kontext und steht im besonderen Fokus der Alteritätstheorie. Selbstreflexivität bezieht sich auf die Fähigkeit, sich selbst zum Gegenstand von Beobachtungen und Wahrnehmungen zu machen. Diese Fähigkeit wird in den zwischenmenschlichen Akten wechselseitiger Wahrnehmung erworben. Dem anderen kommt mit seinen für das Subjekt fremden Wahrnehmungs- und Erlebensinhalten eine besondere Bedeutung für die seelische Strukturbildung zu. Dieser Prozess der Strukturbildung und des Selbstbezugs stellt sich aber nicht von selbst ein, sondern wird erst durch die Einnahme einer Außenposition möglich. Dies geschieht in der Drei-Punkte-Konfiguration, der ein eigener Abschnitt im Verlauf des Kapitels gewidmet ist.

Die Fähigkeit, sich selbst zum Beobachtungsobjekt zu nehmen, bedeutet auch, zwischen Eigenem und Nicht-Eigenem unterscheiden zu können und führt damit zur Erkenntnis der mentalen Urheberschaft. Diese Erkenntnis der mentalen Urheberschaft ist wiederum eng mit der Fähigkeit zu mentalisieren verbunden.[9]

9 Die Bedeutung und die Entwicklung der Mentalisierungsfähigkeit werden in Kapitel 3.6 dargestellt.

Neben der Verfügbarkeit des Objekts, das die Möglichkeit bietet, sich selbst aus dessen Perspektive wahrzunehmen, benötigt das Subjekt für die Zuwendung zum eigenen Selbst ein affektives Betroffensein. Dieses wird durch den selbstreflexiven Affekt der Scham hergestellt, der sich in der Begegnung mit dem anderen einstellt, wenn dieser als getrennt vom Subjekt wahrgenommen wird.

Selbstreflexivität und Scham

Im Sinne der Alteritätstheorie sind Emotionen weniger einzelnen Personen zuzuordnen, eher sind sie als Prozesse zu verstehen, die zwischen zwei oder mehreren Beteiligten entstehen, wirken und reguliert werden. Dies gilt auch für die Scham.

Scham entsteht, wenn ein quasi präreflexives Ich sich wunschhaft auf ein Ziel richtet und diese wunschhafte Ausrichtung durch das Gegenüber abrupt gestoppt wird. Dies kann sowohl ein nicht erwidertes Bedürfnis nach Mitteilung sein oder aber auch der Umschlag oder Abbruch von Kompetenzerfahrungen oder angenehmen Erfahrungen, z.B. dass ein zunächst als bekannt wahrgenommenes Gesicht doch fremd und unbekannt ist. In diesem Vorgang trifft die Intentionalität des Subjekts auf ein Gegenüber, das seinen Erwartungen oder Intentionen nicht entspricht. Durch diesen erlebten Abbruch wird das Subjekt auf sich selbst zurückgeworfen und empfindet, auf den ersten Blick überraschend, Scham. Kommt es zum Abbruch einer Kompetenzerfahrung, so kann dies zu einer Überarbeitung der Vorstellung vom eigenen Selbst führen und als beschämend empfunden werden.

Scham wird also nicht nur in Beurteilungssituationen empfunden, sondern auch in Situationen in denen das Subjekt einen abrupten Abbruch seiner Erwartungen erlebt. Seidler (2015) bezeichnet diesen Vorgang als das Erlebnis von »Verworfenheit in interaktionellen Kontexten«.

Die Drei-Punkte-Konfiguration zwischen Subjekt und Objekt

Im gerade beschriebenen Geschehen wird das Subjekt durch eine nicht erwartete Veränderung oder einen Abbruch in der Interaktion auf sich selbst zurückgeworfen. Das Gefühl von Scham entsteht. Gleichzeitig bietet dieser Moment die Gelegenheit, sich selbst aus einer Außerperspektive wahrzunehmen. Dieses Wahrnehmen des eigenen Selbst führt im Seidler'schen Alteritätsverständnis erst zur Subjektgenese und letztendlich zur Fähigkeit der Selbstreflexion, in der Alteritätstheorie als »objektive Selbst-Bewusstheit« oder »Selbst-Objektivierung« (Seidler, 2015, S. 136) bezeichnet.

In dieser schamauslösenden Situation der Verworfenheit ergibt sich für das Subjekt eine Konstellation, die in der Alteritätstheorie als »Drei-Punkte-Konfiguration« (ebd., S. 136) bezeichnet wird. Das Subjekt befindet sich zunächst auf seiner eigenen Position, diese kann aus einem Wunsch bestehen, einem Bedürfnis oder einer Intention. Dann nimmt das Subjekt im interaktionellen Geschehen die Position seines Gegenübers ein um schließlich seine eigene Ausgangsposition »unter Beibehaltung der Kenntnis des eigenen Bildes aus der vormaligen, gerade verlassenen Außenperspektive« (ebd., S. 136) wieder einzunehmen.

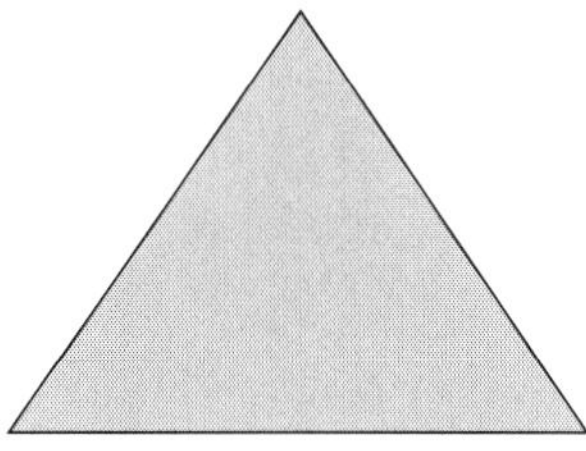

Abb. 1: Die »Drei-Punkte-Konfiguration« (Seidler, 2015, S. 136) in der Alteritätstheorie der Scham

Durch das Nicht-Erreichen der intendierten Ungeschiedenheit und Übereinstimmung wird das Subjekt zur Rückwendung auf sich selbst veranlasst, es fühlt sich zurückgewiesen und empfindet Scham. Diese an der Bruchlinie oder Schnittstelle zwischen Selbst und Objekt entstehende Scham zeigt die Grenze zwischen Subjekt und Objekt auf. Scham funktioniert an dieser Stelle als »Schnittstellenaffekt« (Seidler, 1997, S. 121). In diesem Sinne konstituiert sich das Selbst an der Realität des Gegenübers, dessen Grenze durch das eigene Schamempfinden angezeigt wird. Die Ursache für die vom Subjekt empfundene Scham kann einerseits die inhaltliche Zurückweisung seiner Intention sein, aber auch, unabhängig vom Inhalt der Intention, durch den Vorgang der Zurückweisung an sich hervorgerufen werden.

Scham fungiert damit im Übergangsbereich von innerer und äußerer Welt des Subjekts quasi als »Indikator für die Trennung von Eigenem und Nicht-Eigenem« (Seidler, 1997). In diesem Sinne ist Scham jenseits von Wertzuschreibungen zu sehen. Dies unterstützt Seidler (2015, S. 43) indem er Scham als die »Wirklichkeitsdiagnose« für das Subjekt bezeichnet. Durch die erlebte »Verworfenheit«, die »beschämende« Grenzerfahrung wird die Fähigkeit zur Selbstobjektivierung gefördert. Das Subjekt erlebt sein Selbst durch das vorgestellte Auge eines Dritten. Durch diese Veränderung des Selbsterlebens von einer mehr unbewussten Form des Selbstgefühls hin zur objektivierten, d. h. von außen betrachtenden Organisation der eigenen Selbst-Bewusstheit können bisher nicht gewusste Selbstanteile offenbart und auch dadurch Schamgefühle hervorgerufen werden.

Gleichzeitig kann aber auch Fremdes als fremd identifiziert werden und erhält dadurch die Möglichkeit, seinen Platz im seelischen Binnenraum des Subjekts zu finden. Im Dreieck zwischen ursprünglicher Intention, Einnahme des Blickes des Anderen und erneuter Einnahme der eigenen Position unter Einbezug dessen, was beim Anderen »gesehen« wurde, entsteht die Fähigkeit zur Symbolisierung. Auf diese Weise kann sich das Subjekt immer wieder neue Bereiche in der Außenwelt erschließen und innerlich repräsentieren.

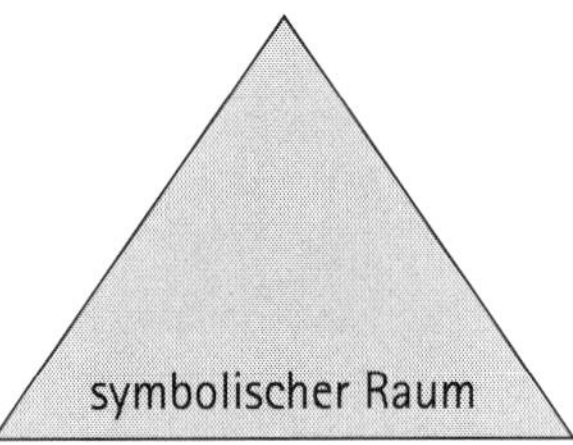

Abb. 2: Die Fähigkeit zur Symbolisierung entwickelt sich und der symbolische Raum entsteht.

In der Drei-Punkte-Konstellation erhält das Gegenüber seine Wirksamkeit für die Subjektkonstitution. Damit die beschriebene Drei-Punkte-Konstellation zur Wirkung kommen kann und der andere zur Selbstkonstitution beitragen kann, muss er zunächst vom Subjekt grundsätzlich als personales Gegenüber wahrgenommen werden. Dies geschieht, in dem er oder sie in einer Reihe von Merkmalen mit dem Subjekt übereinstimmt, in anderen aber verschieden und fremd erscheint. Unter diesen Voraussetzungen entsteht das beschriebene Bruchverhältnis. Dieses ermöglicht dem Subjekt die Hereinnahme des Blickes des Gegenübers (auf das Subjekt) und dadurch wird die Außenperspektive symbolisierbar und damit denkbar. Diese Grenzerfahrung löst das Gefühl von Scham aus, da das Subjekt in seiner Intentionalität auf sich selbst zurückgeworfen wird. Das durch die Scham ausgelöste Gefühl affektiver Betroffenheit »unterstützt« dabei das Subjekt bei seiner Rückwendung auf sich selbst. Scham als Schnittstellenaffekt trennt Eigenes und Fremdes und wirkt damit auch beziehungsregulierend. Mit Hilfe des Schamaffekts wird mentale Urheberschaft möglich und Mentalisierung kann stattfinden.

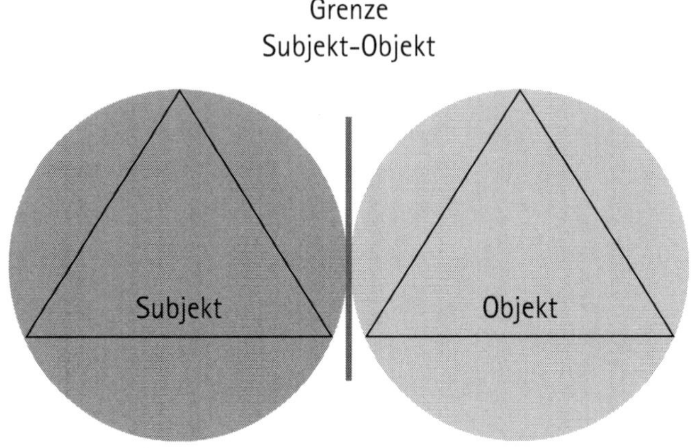

Abb. 3: Scham als Schnittstellenaffekt
macht die Grenze zwischen Subjekt und Objekt erfahrbar

2.4.2 Entwicklungspsychologische Aspekte

Ein wissenschaftlicher Konsens über die genaue Datierung der ontogenetischen Schamentwicklung liegt nicht vor. In Seidlers Alteritätstheorie sind aber einige markante Punkte hervorzuheben, die die Genese des Schamaffekts betreffen.

Die Bedeutung der Fremdenangst

Beim »Fremdeln« beginnen Säuglinge zwischen ihrem vierten und achten Lebensmonat fremden Menschen den Kontakt zu verweigern. Sie wenden sich ab, senken den Blick und weinen.

Als Ursache wird vermutet, dass Kinder ab diesem Alter über die Fähigkeit verfügen, ein Gesicht mit seinen charakteristischen und für eine bestimmte Person typischen Merkmalen zu erkennen und damit auch fremde, unbekannte Gesichter identifizieren zu können. Diese kindliche Irritation und Blickabwendung gegenüber Fremden wird alteritätstheoretisch als eine prototypische Schamsituation erkannt. Wenn ein Kind sich einem Gesicht zuwendet und statt des Gesichtes der Bindungsperson ein fremdes Gesicht erblickt, wird die erwartungsvolle Zuwendung abrupt unterbrochen und das Kind zeigt neben Angst Signale des Beschämtseins, wie es in einem solchen Fall auch Erwachsene tun. Auch Erwachsene kennen die Peinlichkeit des Moments, wenn die Verwechslung offensichtlich wird und die freundlich angeredete oder gegrüßte Person sich als Fremde herausstellt (Jacoby, 1997). In der Situation der Fremdenangst bündelt das Kind schon vorher vorhandene und empfundene Unlusterfahrungen zum ersten Mal in seiner Entwicklung in der Gestalt eines menschlichen Gesichts. Bei der Blickabwendung oder dem Bedecken des eigenen Gesichts vor diesem fremden menschlichen Gesicht handelt es sich alteritätstheoretisch um eine Blickwendung nach innen und damit um einen Rückzug hinter die eigene Grenze. Der Schamaffekt begleitet dabei die nun erwachende Subjektivität.

Scham zeigt sich in dieser Entwicklungsphase nicht als ein einmal und vollständig entfaltetes Gefühl, sondern ist ein Phänomen, das sich über verschiedene Entwicklungsstufen herausbildet.

Seidler (2015) postuliert, dass die geglückte Bewältigung der Lebenssituation der Fremdenangst darüber entscheidet, ob der Schamaffekt im Sinne eines »selbst« und »fremd« differenzierenden Affekts, als »Signalaffekt« (ebd., S. 264), später dem Subjekt zur Verfügung steht. Andernfalls kann er eine überschwemmende, traumatische Qualität entwickeln. Die mit der Schamfähigkeit ebenfalls erworbene objektive Selbst-Bewusstheit ist für Seidler der »Ausdruck für die psychische Struktur gewordene Wirksamkeit eines dritten Objekts« (ebd., S. 154).

Die Beherrschung des Schließmuskels

Im klassischen psychoanalytischen Verständnis gehört das zweite Lebensjahr zur Entwicklungsphase der Analität. Alteritätstheoretisch wird diese Phase nicht nur unter libidotheoretischen Gesichtspunkten gesehen, sondern auch unter der Perspektive von Subjektgenese und Selbst-Objekt-Differenzierung. Durch die Fähigkeit des Kindes seinen Darminhalt »herzugeben« oder zu »behalten« konstituiert sich eine Grenze, zunächst auf körperlicher Ebene, zwischen »Innen« und »Außen«. Seidler (2015, S. 132) spricht von »analer Triangulierung«, an der das Kind, sein Körperinhalt und der andere beteiligt sind. Das Kind als Subjekt »objektiviert« seinen Körperinhalt und gibt ihn an den anderen weiter, ohne dass es dabei sich selbst verliert. Durch die Verfügbarkeit des Schließmuskels konstituieren sich für das Kind Innen, die wahrnehmbare Körperinnenwelt, und Außen, die soziale Außenwelt. An diesem Punkt setzen die beginnende Symbolisierungsfähigkeit, die Objektgenese und die Abgrenzungsfähigkeit, bzw. Selbst-Objekt-Differenzierung an.

Die ödipale Entwicklung

Auf ödipaler Stufe wird das Kind dann selbst zum Dritten. Es erlebt den Ausschluss aus der Urszene und muss sich nun das eigene Selbst als »fremd« zu eigen machen. Gelingt dies, kann Differenz erlebt und »Grenzsetzung in die eigene Regie übernommen werden« (Seidler, 2002, S. 18). Das Gefühl der Scham bleibt erhalten, allerdings wird die Scham psychisch repräsentierbar, kann gedacht werden und ist damit der Affektregulation zugänglich.

Die Fähigkeit, die in den Beziehungserfahrungen angeeignete Grenze symbolisch zu repräsentieren, diese also erleben zu können und in Anwesenheit anderer aufrecht halten zu können, kann als das Entwicklungsziel dieser Phase formuliert werden. Amiri (2008, S. 263) bezeichnet dies als »triangulierte Gemeinsamkeit in Differenz«.

Gelingt der Erwerb der Symbolisierungsfähigkeit nicht, so werden Grenzsetzungen und auch die Verarbeitung von Schamgefühlen auf der Handlungsebene stattfinden.

2.4.3 Scham als Signalaffekt

Scham tritt, wie oben beschrieben, als Signalaffekt auf. Dabei wirkt sie in der Regel in aller Stille als Takt im zwischenmenschlichen Bereich. Hat das Subjekt in der Interaktion mit dem Gegenüber die – vermeintlich – vereinbarten Normen übertreten, so tritt Scham aus ihrer stillen

Wirkweise heraus und macht das Subjekt als Signalaffekt retrospektiv auf die Grenzverletzung aufmerksam. Die Beurteilung der Angemessenheit kann dabei beim Schamsubjekt liegen, aber auch dem Gegenüber zugeschrieben werden (Amiri, 2008, S. 263).

Mit dem Schamaffekt einher geht die Entwicklung der Fähigkeit zur Selbstobjektivierung. Das Subjekt ist zunehmend in der Lage, die eigene Person von außen zu betrachten, vom Standpunkt eines möglicherweise nur vorgestellten Dritten. Dieser Prozess der Aktualisierung des Selbst findet fortlaufend statt und ist nicht an eine bestimmte Phase der Entwicklung gebunden. Diese Dynamik bleibt für das Subjekt epistemologisch unbewusst. Gewissensbildung, als Wissen um die eigene Person beim Gegenüber, ist ebenfalls in diesen Zusammenhang zu verorten.

Durch den sich in der Drei-Punkte-Konstellation entfaltenden Raum wird die Fähigkeit zur Symbolbildung gefördert. Damit werden auch Affekte denkbar und regulierbar.

Steht ein ausgearbeiteter seelischer Binnenraum zur Verfügung, bleibt die Beziehung zwischen Subjekt und Objekt auch dann bestehen, wenn das Objekt nicht mehr real präsent ist. Dies bestätigt Seidler (2015, S. 172) für den Zusammenhang von Trauer und Schamfähigkeit: Ohne dass das Subjekt sich selbst objektivieren kann, kann es auch den Anderen in seiner Repräsentanz nicht vermissen. Es gilt dann: »Aus den Augen aus dem Sinn.« (ebd., S. 173)

Unter hinreichend guten Bedingungen identifiziert sich das Subjekt im Laufe seiner Entwicklung mit der Grenze, die die Fremdheit des Gegenübers der eigenen Intention und damit dem eigenen Selbst setzt und es eignet sich die trennende Funktion der Grenze an.

Schließlich kann das Subjekt Eigenes und Fremdes in seinen sozialen Beziehungen zuordnen und ist damit in der Lage, mentale Urheberschaft zu erkennen. Diese Fähigkeit steht in engem Zusammenhang mit dem Erwerb der Mentalisierungsfähigkeit und deren Anwendung.

Das Grundgefühl von Verworfenheit bleibt allerdings lebenslang als »affektiver Schatten« (Seidler, 2015, S. 160) erhalten und schwingt als basale Färbung in jeder Interaktion mit.

2.4.4 Selbstbeziehungsformen

Das Selbst findet verschiedene Wege, um mit dem Empfinden der Scham und der Wahrnehmung des eigenen Bildes beim Anderen umzugehen und bildet unterschiedliche Selbstbeziehungen aus.

Die reale Selbstbeziehung

In der realen Selbstbeziehung steht Scham im soeben beschriebenen Sinne zur Verfügung. Das Subjekt kann zwischen Eigenem und Nicht-Eigenem unterscheiden und sich selbst zum Gegenstand der eigenen Aufmerksamkeit nehmen. Die dafür notwendige Trennung in einen wahrnehmenden und einen erlebenden Teil des Selbst ist gelungen. Es handelt sich aber nicht um eine einmal erworbene Fähigkeit, die dann dem Subjekt zur Verfügung steht, sondern um ein kontinuierliches interaktionelles Austauschgeschehen das jeden zwischenmenschlichen Akt kennzeichnet. Das Wissen über das Selbst und dessen Bild beim anderen wird ständig aktualisiert und re-internalisiert (Seidler, 1997, S. 125).

Die ideale Selbstbeziehung

In der idealen Selbstbeziehung tröstet sich das Selbst durch Fantasiebildung. Mit Vorstellungen von Symbiose, Verschmelzung oder Bildern vom idealen Kontakt zu anderen oder auch Vorstellungen über das Bild des Selbst beim Gegenüber, wird versucht, die Schmerzhaftigkeit der »Grenzerfahrung« im Kontakt mit dem Gegenüber abzumildern.

In der Alteritätstheorie wird die ideale Selbstbeziehung als eine Konsequenz des schmerzhaften Schamerlebens bewertet. Das Schamerleben ist nicht als Konsequenz des Scheiterns an Idealvorstellungen vom Selbst zu sehen (Seidler, 1997, S. 125).

Die urteilende Selbstbeziehung

Nimmt das Subjekt nur den zuvor im Außen lokalisierten Blick des Anderen auf sich selbst ein, so ergibt sich eine negativ-kritische Selbstbeziehung. An diesem Punkt entsteht die enge Verbindung zwischen Scham und negativer Selbstbewertung. Ursächlich dafür ist die Schmerzhaftigkeit der Trennung, die sich aus dem Bruch im Beziehungsgeschehen für das Subjekt ergibt.

2.4.5 Misslingen des Erwerbs der Schamfähigkeit

Die ersten Schamerfahrungen werden mit den primären Bezugspersonen gemacht. Die Schamfähigkeit oder Schamtoleranz der frühen Bezugspersonen hat entscheidenden Einfluss darauf, ob die entwicklungs- und individuationsfördernden Aspekte maßvoller Schamaffekte genutzt werden können (Hilgers, 2013, S. 20). Können Bezugspersonen feinfühlig mit dem »Grenzgeschehen« in der Interaktion mit dem Kind umgehen und verstärken sie nicht die kindliche Scham durch ihr Verhalten, sondern lassen ihren eigenen Takt in der Interaktion wertschätzend walten, dann kann das Kind Schamtoleranz und Schamfähigkeit erwerben und den Affekt später zur Beziehungsregulation nutzen.

Auch hier zeigt sich ein Zusammenhang zwischen Schamentwicklung und dem Erwerb der Mentalisierungsfähigkeit. Denn auch die Entwicklung der Mentalisierungsfähigkeit ist abhängig von der Fähigkeit der Bezugsperson zu mentalisieren. Die Vermutung liegt nahe, dass es Bezugspersonen mit einer funktionierenden Mentalisierungsfähigkeit gelingt, schamtolerante Beziehungen zu führen und Kindern den Erwerb sowohl der Mentalisierungsfähigkeit also auch einer konstruktiven, funktionalen Schamhaltung in den gemeinsamen sozialen Interaktionen zu ermöglichen.[10]

Frühe Schamszenen können geprägt sein von kleineren Übergriffen, einer Situation der Nichtbeachtung durch die Bezugsperson bis hin zu Demütigungen oder aggressiven Auseinandersetzungen. Mit Orange et al. (2015, S. 114) ist davon auszugehen, dass mangelnde Abstimmungsprozesse, unpassende Affektspiegelungen, Vernachläs-

10 Im vierten Kapitel wird ausführlich auf den Zusammenhang zwischen Scham und Mentalisierung eingegangen.

sigung und Missbrauch zur Dysfunktionalität von Scham führen können. In diesem Fall kann Scham nicht auf Selbst- und Intimitätsgrenzen aufmerksam machen und kann ihre beziehungsregulierende Wirkung nicht entfalten. Sie fällt ebenfalls als Ansporn für Leistung und Autonomiebestrebungen aus.

Die beschriebene Drei-Punkte-Konstellation kommt nicht zustande oder ist nur sehr fragil und brüchig. Dadurch entsteht kein oder nur ein eingeschränktes Bewusstsein für das Bild vom Selbst beim anderen. Die Selbstverständlichkeit des präreflexiven Selbstgefühls wird nicht infrage gestellt und das Selbst erfährt keine Selbstbeschränkung im positiven, strukturbildenden Sinne. Die Symbolbildung ist zumindest beeinträchtigt und Gefühle sind damit nicht oder nur eingeschränkt kognitiv zugänglich und regulierbar. Unter diesen Bedingungen wird auch der Erwerb der Mentalisierungsfähigkeit erschwert.

Die Entstehung eines schlechten oder falschen Selbst

Wird der wahrgenommene Blick des Gegenübers auf das eigene Selbst als abwertend oder verurteilend empfunden, dann ist das Subjekt mit einem vermeintlich negativen Bild des eigenen Selbst konfrontiert. Daraus kann eine Selbstidentifizierung als »schlecht« resultieren und es entwickelt sich ein »schlechtes Selbst« (Seidler, 2015, S. 180). Möglicherweise strebt das Subjekt in diesem Falle als individuelle Lösung für die nicht aushaltbare psychische Situation die Elimination des Gegenübers an. Auf diese Weise soll das im Gegenüber verortete negative Bild des eigenen Selbst zerstört werden. Im alteritätstheoretischen Sinne aber schwächt die Auslöschung des Gegenübers rekursiv das Selbst des Subjekts. Denn es fehlt anschließend das Gegenüber, an dem das Subjekt Kenntnisse über das eigene Selbst gewinnen kann (Seidler, 1994, 1995).

Ebenso ist es denkbar, dass das Subjekt versucht, dem Gegenüber unter allen Umständen zu gefallen. Es verhält sich entsprechend den vermuteten Vorstellungen des Gegenübers, um der schamhaften Rückwendung auf das eigene, getrennte Selbst zu entgehen und eine bruchlose Übereinstimmung mit dem Objekt zu erzielen. In diesem Fall entsteht ein »falsches Selbst« (Seidler, 2015, S. 181).

Bei beiden Konstellationen besteht die schwierige Entwicklungsaufgabe darin, auf den Wunsch nach bedingungsloser Übereinstimmung und uneingeschränkter Akzeptanz zu verzichten.

Ist die reflexive Selbststruktur des Subjekts labil und das Subjekt dadurch nicht stabil abgegrenzt, so fällt es schwer, den eigenen beurteilenden Blick von dem des Objekts zu unterscheiden (Seidler, 2015, S. 182). Der empfundenen Entwertung durch andere kann keine alternative Selbstbeurteilung entgegengesetzt werden.

Der Ausfall der beziehungsregulierenden Funktion der Scham

Kann die Schamfähigkeit nicht erworben werden und steht die Scham nicht als Schnittstellenaffekt in der beschriebenen Weise zur Verfügung, dann kann sie auch ihre beziehungsregulierende Funktion sowohl nach außen in den sozialen Beziehungen, als auch nach innen als Regulation der Affekte und Möglichkeit der Selbsterkenntnis, nicht erfüllen.

Als Konsequenz kann es zum Ausfall des Schamgefühls kommen. In diesem Fall können vom Subjekt Intimitätsgrenzen nicht wahrgenommen werden. Dies kann sich sowohl auf das Subjekt selbst als auch auf seine Interaktionen mit dem Gegenüber beziehen. Seidler (2015, S. 266) sieht als Ursache hierfür entweder den Ausfall bestimmter Triangulierungsschritte in der Entwicklung oder eine Verdichtung der Schamfähigkeit um bestimmte biografische Ereignisse (z. B. das Familiengeheimnis einer unehelichen Geburt) und demzufolge die Nichtverfügbarkeit in anderen Lebensbereichen.

Fehlt die regulierende Funktion der Scham, so kann es zur Hypertrophie, einem Übermaß an Schamgefühlen, kommen. Dies kann die Situation der Drei-Punkte-Konfiguration – Selbstwahrnehmung, Selbstbeobachtung und Selbstbeurteilung – an sich betreffen. In diesem Fall stellt sich Scham ein, wenn sich das Subjekt durch ein fremdes Gegenüber wahrgenommen fühlt und damit der Prozess der

Selbstobjektivierung angestoßen wird. Dies könnte auch erklären, warum ein ausgesprochenes Lob Verlegenheit oder Scham auslösen kann.

Anstatt der Drei-Punkte-Konfiguration an sich, können auch bestimmte Inhalte, die durch die Interaktion mit dem Objekt angesprochen werden, ein Übermaß an Scham auslösen.

Als »Unverschämtheit« wertet Seidler (2015, S. 264) das wissentliche Überschreiten von Intimitätsgrenzen und nennt dies »per se« einen aggressiven Akt. Das Subjekt kann sich durch den Bruch einer fantasierten Übereinstimmung exponiert und objektiviert fühlen. Das subjektive Gefühl des »Verlusts narzisstischer Geschlossenheit« führt zum Gefühl der Verzweiflung und möglicherweise zum Versuch, durch »Unverschämtheiten« diese wiederherzustellen.

2.4.6 Reflexivitätsniveaus des Selbst

Die Fähigkeit des Selbst, Getrenntheit im Erleben auszuhalten, sich selbst zum Objekt zu nehmen und Symbolisierungsprozesse in Gang zu setzen, bestimmt die individuelle Beziehungsgestaltung. Seidler (1997) hat drei Grundmuster von Beziehung konzeptualisiert, die diese Dimensionen aufnehmen und für die Vorstellung von der Entwicklung des Selbst ein Kontinuum bieten. Da alteritätstheoretisch intrapsychische Strukturen immer an interaktionelle Prozesse gebunden sind und über die zunehmende Aneignung des Blickes vom Gegenüber erfolgen, stehen bei der Betrachtung der individuellen Entwicklungsebene Beziehungsprozesse zwischen Individuen im Fokus.

Die unreflektierte Stufe

Auf der unreflektierten Stufe fällt der Blick des Subjekts mit dem des Objekts zusammen. Es gibt nichts Trennendes zwischen den Interaktionspartnern. Die Grenze zwischen Subjekt und Objekt fehlt und es gibt keine Wechselseitigkeit in der Beziehung. Durch den »Grenzverlust« kann die Fähigkeit zum Schamerleben nicht ausgebildet werden. Dadurch sind Erfahrungen von Differenz schwer erträglich und auch die Wahrnehmung als abgegrenztes Individuum gesehen zu werden, ist schwer aushaltbar. In Anlehnung an die griechische Mythologie bezeichnet Seidler diese Entwicklungsstufe als die des Narziss.

Die außen-reflektierte Stufe

In der außen-reflektierten Stufe, von Seidler (1997) als Position des Teiresias bezeichnet, steht Scham nicht sicher zur Beziehungsregulierung zur Verfügung. Sie kann aber grobe Grenzverletzungen anzeigen und damit das Subjekt zur Korrektur seines Verhaltens veranlassen. Aus dem Wunsch nach Begrenzung durch das Gegenüber und der Unfähigkeit, dieser standzuhalten entsteht eine »Pendelbewegung« im Umgang mit Grenzen. So werden z.B. Meinungen oder Ansichten des Gegenübers schnell zu eigen gemacht um dann aber genauso schnell wieder aufgegeben zu werden. Um den Anderen zur Subjektkonstitution zu nutzen, bedarf es in diesem Beziehungsmodus seiner Realpräsenz.

Die selbstreflexive Stufe

Auf der selbstreflexiven Stufe, in der Alteritätstheorie als die des Ödipus bezeichnet, ist die Fähigkeit der objektiven Selbstbewusstheit erworben, ein seelischer Binnenraum ist verfügbar und im Konflikt, sowohl innerpsychisch als auch interaktionell, ist die Fähigkeit zum Kompromiss Ausdruck der erreichten »triangulären Verfassung«. Eigene Gefühle und Überzeugungen können eigenverantwortlich vertreten werden. Der Schamaffekt hat seine beziehungsregulierende Funktion übernommen und wird nicht als vernichtend empfunden. Scham kann gedacht und ausgehalten werden. Ist diese Stufe der Selbstentwicklung erreicht, kann vermutet werden, dass die Mentalisierungsfähigkeit und damit die Fähigkeit zum Perspektivenwechsel hinreichend entwickelt ist.

Reflexionsniveau und Mentalisierungsfähigkeit

Die drei geschilderten Entwicklungsstufen stellen nicht Alternativen im Sinne von »entweder ... oder ...« dar. Im alteritätstheoretischen Sinne ist jede Ebene wirksam, aber ein bestimmtes Organisationsniveau mit einer bestimmten Funktionsweise in einem Menschen vorrangig wirksam.

Bezieht man in diese Überlegungen die Theorie der Mentalisierungsfähigkeit[11] ein, so ist vorstellbar, dass auf jeder der beschriebenen Stufen die Fähigkeit zu mentalisieren entsprechend der Fähigkeit zur Selbstreflexivität und der Fähigkeit, Scham zu tolerieren, ausgebildet ist.

Auf der unreflektierten Stufe, Narziss, ist die Fähigkeit zu mentalisieren gering ausgeprägt. Mentale Urheberschaft kann nicht erkannt werden. Der repräsentationale Charakter von mentalen Zuständen ist nicht gewusst, da die Fähigkeit zur Symbolbildung fehlt.

In der außen-reflektierten Position ist die Kenntnis des repräsentationalen Charakters mentaler Zustände fragil. Es kann zu Bildung eines fremden oder falschen Selbst kommen.

Auf der selbstreflexiven Stufe hat das Subjekt neben der konstruktiven Schamfähigkeit auch eine hinreichend gute Fähigkeit zu mentalisieren erworben. Auch für die Mentalisierungsfähigkeit gilt, dass in individuellen Belastungssituationen die Fähigkeit passager aussetzt oder nur eingeschränkt zur Verfügung steht. Eine weitere Analyse zum Verhältnis von Schamfähigkeit und der Fähigkeit zu Mentalisieren findet im vierten Kapitel statt.

2.4.7 Die besondere Bedeutung des Blickes

Durch das Geschehen in der Drei-Punkte-Konstellation erhält der andere eine Bestätigungsfunktion für die Subjekthaftigkeit seines Gegenübers, alteritätstheoretisch natürlich auch umgekehrt. Mit der Bestätigung für das Subjekt geht auch seine Begrenzung durch den

11 Für die ausführliche Darstellung der Mentalisierungstheorie siehe Kapitel 3.6.

Blick des anderen einher, im Sinne von »Du bist so, nicht anders«. Diese Austausch- und Wechselseitigkeitsprozesse geschehen qua Wahrnehmung unter besonderer Beteiligung des Blickes. Dabei ist Blick sowohl wörtlich zu verstehen, umfasst aber im erweiterten Sinne auch die Gesamtheit der Reaktion des Anderen auf das Subjekt. Den Blick könnte man in diesem Geschehen als Kulminationspunkt des wechselseitigen Austausches der jeweiligen Bilder vom Gegenüber zwischen zwei Individuen bezeichnen. Der Blick des jeweils anderen kann dabei von unterschiedlicher Qualität sein.

Durch das Spannungsverhältnis zwischen Bestätigung der Subjekthaftigkeit bei gleichzeitiger Begrenzung und »Beschämung« des Subjekts ergeben sich zwei Extreme, zwischen denen sich die Antwort bzw. der Blick des anderen bewegt. Über den Blick kann ein verbindendes oder ein distanzierendes Erleben vermittelt werden. In der Alteritätstheorie werden dafür die Begriffe »subjektivierend« und »objektivierend« verwendet (Seidler, 2015, S. 68).

Befindet sich der Blick des anderen im mittleren, ausgewogenen Bereich des sich daraus ergebenden Kontinuums, enthält er also beide Qualitäten, so sind Schamfähigkeit und auch die Mentalisierungsfähigkeit entwickelt. Auf Seiten des anderen, des Fremden kann dann die Grenze des Subjekts anerkannt werden und es wird als mentaler Urheber gesehen. Die eigene Grenze ist ebenfalls gewusst, wenn sie auch nicht manifest erlebt wird. Für das Subjekt bedeutet dies subjekthafte Anerkennung bei gleichzeitiger objektivierender Distanz durch die Wirksamkeit der Grenzen des Gegenübers im Sinne von Mein und Dein.

Das Überwiegen des subjektivierenden Blickes

Der überwiegend subjektivierende Blick ist ein Blick, der die Übereinstimmung zwischen den an der Interaktion Beteiligten betont. In extremer Ausformung führt er dazu, dass die objektivierende Blickqualität verloren geht und damit auch die Möglichkeit, den Blick des Gegenübers auf die eigene Person unter Beibehaltung des eigenen Blickes anzueignen. Kann Fremdes nicht mehr als fremd wahrgenommen werden, kann das Subjekt den Blick des anderen auf die eigene Person auch nicht wahrnehmen. Es entsteht kein »Dreieck« aus Ausgangsposition des Subjekts, Position des Gegenübers und eigener Ausgangsposition »unter Beibehaltung der Kenntnis des eigenen Bildes aus der vormaligen, gerade verlassenen Außenperspektive« (Seidler, 2015, S. 136). Mit anderen Worten, das Beziehungsgeschehen wird nicht trianguliert. Dies hat zur Folge, dass kein symbolischer Raum entsteht und Selbst und Ich ungeschieden bleiben. Dies hindert den Erwerb der Fähigkeit zur Regulation von Affekten und der repräsentationale Charakter der Welt wird nicht erkannt. Die Ausbildung von Fähigkeiten wie die der Selbstobjektivierung, der Gewissensbildung, der Schamfähigkeit und der Anerkennung von psychischen Grenzen zwischen Individuen ist gefährdet. Schließlich kann auch Mentalisierung nicht oder nur eingeschränkt stattfinden.

Das Überwiegen des objektivierenden Blickes

Durch die Begegnung mit der Fremdheit im Blick des anderen, kann für das Subjekt die Frage nach der eigenen Identität hochaktuell werden. Allein dadurch, dass der Fremde, der Andere das »Terrain« des Subjekts betritt, können sich für das Subjekt Fragen ergeben. »Wie sieht mich der andere?« oder »Wie sehe ich mich?« könnten diese Fragen lauten. Überwiegt der distanzierende, Nicht-Identität betonende Blick, so kann die Subjekthaftigkeit des Angeblickten verloren gehen. Das Subjekt wird zur Sache, zu einem Gegenstand und nicht mehr als mentaler Urheber erkannt. Als ein alltägliches Beispiel, dass viele Menschen kennen, könnte die Peinlichkeit einer medizinischen Untersuchung dienen. Hierbei wirkt einerseits die Körperscham, also das Entkleiden und damit Bloßstellen vor Fremden. Andererseits ergibt sich aber auch eine schamauslösende Verdinglichung durch den selektiven Blick des Gegenübers z.B. auf das erkrankte Organ und nicht den ganzen Menschen. In dieser Situation kann das Gefühl der Subjekthaftigkeit verloren gehen und Scham entstehen.

Der böse Blick

Für Seidler (2015, S. 69) stellt der folkloristische »böse Blick« eine Extremform des objektivierenden Blickes dar.

Beim Glauben an den bösen Blick wird Menschen die Fähigkeit zugeschrieben durch ihren Blick einen schädigenden Einfluss auszuüben. Diese Vorstellung ist seit der Antike in vielen Kulturen verbreitet. Es liegt ihr der Glaube zugrunde, dass das menschliche Auge das »Fenster zur Seele« ist und hier die wahren Absichten oder Gefühle eines Menschen zutage treten (Kuske, 2005, S. 174). Stellt man die Vorstellung des bösen Blickes in den Zusammenhang mit der Bedeutung des Blickes für die beschriebene Selbstkonstituierung und Selbstobjektivierung, so kann der böse Blick als Zuschreibung an den »Fremden« interpretiert werden. Diese Zuschreibung dient der Abwehr von nicht aushaltbaren Schamgefühlen. Diese können durch das Auftauchen eines Fremden entstehen, der quasi durch seine Wahrnehmung des Subjekts die Identitätsfrage an das Subjekt richtet. Umgekehrt ist das Blicktabu (»taboo-on-looking«, Seidler, 2015, S. 77) eine Reaktion auf die Gefährlichkeit des Blickes, ausgehend von der an das Subjekt gerichteten Identitätsfrage. Diese Bedrohlichkeit der Identitätsfrage wird mit allen Konsequenzen durch das Blicktabu vermieden.

Die Blickqualität kann vom Blickaussendenden und dem Blickempfangenden im gemeinsamen Austauschprozess durchaus unterschiedlich empfunden werden. Die vom Subjekt wahrgenommene Qualität oder Tendenz des Blickes ist, neben der individuellen Ausbildung der Schamtoleranz, die wiederum das Verständnis des Blickes beeinflusst, von entscheidender Bedeutung für die Verarbeitung des empfundenen Bruches an der Grenze zum Objekt. Damit ist sie auch für die weitere Selbstentwicklung und Selbstaktualisierung, die Symbolisierungsfähigkeit und den Umgang mit Fremdem entscheidend.

Es handelt sich, wie bereits erwähnt, nicht um ein einmaliges Geschehen, sondern um Vorgänge, die für jeden interaktionellen Wahrnehmungsakt charakteristisch sind. Eine Brisanz entsteht für das Subjekt dadurch, dass der andere durch seine Rolle in diesem interaktionellen

Wahrnehmungsakt gleichsam »Zeuge der Beschämung« des Subjekts ist, auch wenn dieser Prozess epistemologisch unbewusst bleibt. Dies ist besonders problematisch, wenn das Subjekt nicht über eine ausreichende Schamtoleranz verfügt und ein »Zeuge« nicht ertragen oder nicht akzeptiert werden kann. Dies kann zum Bedürfnis führen, den Anderen auszulöschen in der Hoffnung, mit dem Zeugen verschwinde auch die Scham. Die Augen und der Blickkontakt sind ein primäres Ausdrucksmittel von Scham und Scham-Empfindende senken als Reaktion ihren Blick oder schließen die Augenlider. Daher kann es besonders der Blick des Gegenübers sein, der schwer zu ertragen ist und eben diesen Wunsch nach Auslöschung auslöst.

Am 23. Januar 2018 berichtete *Der Tagesspiegel* über den tödlichen Messerangriff eines 15-Jährigen auf einen Mitschüler.[12]

> »Der 15-Jährige sei polizeibekannt gewesen und habe als aggressiv und ›unbeschulbar‹ gegolten, so die Behörden. Deshalb habe er vorübergehend eine andere Schule besucht. Am Dienstag habe er in der Käthe-Kollwitz-Schule zusammen mit seiner Mutter auf einen Gesprächstermin bei einer Sozialarbeiterin gewartet, weil er zurück auf die Schule sollte. Dabei sei er auf den 14-Jährigen getroffen.
> Dabei habe der 14-Jährige nach der Wahrnehmung des mutmaßlichen Täters die Mutter mehrfach provozierend angeschaut, berichtete die Polizei. Daraufhin habe der 15-Jährige ein Messer gezückt und den Mitschüler mehrfach in den Hals gestochen.«

Ohne Kenntnis von Einzelheiten ist es unter dem Blickwinkel des bisher geschilderten Theoriegebäudes denkbar, dass der Täter bereits eine lange Reihe beschämender Lebenserfahrungen gemacht und dysfunktionale Abwehrmechanismen gegenüber der empfundenen Scham ent-

12 *Tagesspiegel* von 23. Januar 2018: Nordrhein-Westfalen: 15-Jähriger ersticht Mitschüler in Lünen. Online: https://www.tagesspiegel.de/gesellschaft/panorama/nordrhein-westfalen-15-jaehriger-ersticht-mitschueler-in-luenen/20876348.html [zuletzt aufgesucht am 4. Oktober 2022].

wickelt hatte. Womöglich hatte er eine konkretistische Auffassung des Blickes entwickelt und im Blick des Opfers konzentrierte sich für ihn die beschämend vorgestellte Perspektive eines Gegenübers auf sein eigenes Selbst, die für ihn, auch wenn seine Mutter die stellvertretende Blickempfängerin war, nicht aushaltbar war. Hierbei handelt es sich natürlich um ein extremes Beispiel, dessen oberflächliche Interpretation nicht durch weitere Hintergrundinformationen überprüft werden kann. Dennoch ist die Wichtigkeit und Bedeutsamkeit, die manche Kinder und Jugendliche dem intersubjektiven Blick widmen, Pädagoginnen und Pädagogen in Schulen oder Jugendhilfeeinrichtungen gut bekannt.

2.5 Maskierung und Abwehr von Scham in der Schamtheorie von Leon Wurmser

Scham steht im Zusammenhang mit der Fähigkeit zur Symbolbildung, der Entwicklung eines abgegrenzten Selbst und damit auch mit dem Identitätsgefühl eines Menschen. Ist die Fähigkeit, Scham zu empfinden und auszuhalten fragil, so kann Scham einen großen, nicht aushaltbaren Schmerz hervorrufen, der das ganze Selbst, das ganze Identitätsgefühl erfasst. Das Gefühl der Irritation, Verwirrung oder Unsicherheit über das eigene Selbst bei gleichzeitig empfundener Objektivierung des Selbst kann zum Verlust der Kohärenz des Selbst und seiner Desorganisation führen. Bei nicht stabiler Schamfähigkeit fehlt die Fähigkeit zur Symbolisierung, die helfen könnte, eine schambelastete Situation zu »überstehen«. Im mentalisierungstheoretischen Sinne fehlt die Kenntnis des repräsentationalen Charakters der Welt, die den Umgang mit dem Affekt der Scham erleichtern könnte. Denn mit dieser Erkenntnis könnte z. B. einer Fremdbeurteilung ein eigenes Urteil entgegengesetzt werden.

Ist die Schamfähigkeit fragil, muss Scham abgewehrt werden, um weiterleben zu können. Ansonsten droht im Extremfall die Auslöschung des Selbst.

In den folgenden Abschnitten wird die Abwehr von Scham und deren Konsequenzen in den Fokus genommen. Dazu wird auf Leon Wurmsers Theorie zur Psychoanalyse von Schamaffekten und Schamkonflikten zurückgegriffen. Der Psychiater und Psychoanalytiker Wurmser konzentrierte sich in seiner Theoriebildung, im Unterschied zu Seidler, stärker auf die psychoanalytische Triebtheorie. Seine Ausführungen zur Abwehr und Maskierung von Scham sind für die vorliegende Arbeit von besonderer Bedeutung. Denn das Wissen um die Bedeutung der Aktivierung von Abwehrmechanismen gegenüber der Scham kann im schulischen Kontext, der per se schambelastet ist, wichtige Hinweise liefern, um als störend empfundenes Verhalten von Schülerinnen und Schülern und auch irritierende Gegenübertragungsgefühle der Pädagoginnen und Pädagogen zu verstehen. Möglicherweise kann der Affekt der Scham bzw. dessen Abwehr als Motiv hinter dem Verhalten erkannt und die pädagogische Beziehung entsprechend gestaltet werden.

2.5.1 Die drei Hauptformen der Scham

Wurmser (2007) geht von einer grundsätzlichen »Konfliktnatur« (ebd., S. XXVII) komplexer Affekte aus. Dabei hat Wurmser unbewusste innere Konflikte im Fokus. Grundsätzlich misst er diesen Konflikten, den dadurch hervorgerufenen Affekten und entsprechend aktivierten Abwehrstrukturen in ihrem Zusammenspiel eine große Bedeutung für das menschliche Seelenleben und die menschliche Natur zu. Beim Affekt der Scham nimmt er sowohl Konflikte an, die für das Erleben von Scham verantwortlich sind als auch Konflikte, die durch Schamaffekte hervorgerufen werden. Allerdings weist er darauf hin, dass gerade der Affekt der Scham nicht auf Konflikte reduziert werden kann. Frühkindliche Traumata, bei denen es um das »Nichtgesehenwerden« (Wurmser, 2007, S. XXXIV), mangelnde Beachtung der Individualität und mangelnde Beachtung von Bedürfnissen und Affekten geht, tragen ebenfalls zur Relevanz von Schamaffekten bei.

Wurmser unterscheidet drei Hauptformen von Scham, dazu gehören die Schamangst, der eigentliche Schamaffekt als komplexes Reaktionsmuster und die Haltung der Scham bzw. Scham als Reaktionsbildung.

Die Schamangst

Die Schamangst wird durch die wahrgenommene Gefahr einer Bloßstellung hervorgerufen. Hier kann die Scham einerseits dem Ich als subtiles Signal helfen, die mögliche Gefahr der Zurückweisung wahrzunehmen und entsprechend zu handeln. In diesem Fall schützt sie die »innere Grenze« (Wurmser, 2007, S. 150), die Privatheit und Intimität. Die Angst kann sich aber auch als überwältigende Panik zeigen. Wird die Grenze der Privatheit überschritten, so kann es neben Gefühlen von Scham und Hilflosigkeit auch zu Wut und Rachsucht kommen (ebd., S. 56).

Der Schamaffekt

Der eigentliche Schamaffekt stellt sich nach erfahrener Bloßstellung als ein komplexes affektives und kognitives Reaktionsmuster dar. Es kommt zum Vergleich zwischen dem Selbstbild wie es sich für das Subjekt darstellt und dem Selbstbild wie es sein sollte, dem Selbstideal. Dabei zeigt sich der narzisstische Aspekt der Scham und eine dargebotene Demütigung kann mit narzisstischer Wut beantwortet werden. Allerdings reicht in Wurmsers Konzept das »Messen« zwischen Ideal und Selbstwahrnehmung alleine nicht aus. Es müssen noch weitere Aspekte hinzukommen, bis die festgestellte Diskrepanz zwischen Real- und Ideal-Selbst zur Scham führt. Dazu gehören innere selbstkritische und selbstbestrafende Prozesse, wie sie die Überzeugung der eigenen Unzulänglichkeit hervorruft (Wurmser, 2007, S. 76).

Die Haltung der Scham

Schließlich nennt Wurmser (2007) noch die Haltung der Scham oder Scham als Reaktionsbildung. Hierzu zählt er die Schüchternheit und das Vermeiden von Situationen, die eine Beschämung bereithalten könnten. Es kann aber auch zur Bildung einer »rigiden Abwehrstruktur« (ebd., S. 75) kommen, die den Charakter der Persönlichkeit prägt. In diesem Fall wird die Gefahr gedemütigt zu werden vom Subjekt als ständig präsent angesehen. Die ständige Furcht vor Scham kann zu Einschränkungen im Denken und Fühlen führen. Es lässt sich vermuten, dass auch das Explorationsverhalten im Sinne der Bindungstheorie durch Scham als Reaktionsbildung beeinträchtigt werden kann.

Wurmser geht davon aus, dass eine Bloßstellung und damit auch das Gefühl der Scham grundsätzlich vom Subjekt umso weniger befürchtet wird, je stabiler und konfliktfreier die narzisstische Besetzung ist.

2.5.2 Die Bipolarität der Scham

Wurmser (2007) hat Scham als ein bipolares Geschehen konzipiert. Er geht davon aus, dass bei allen Erlebensformen von Scham immer ein Subjektpol und ein Objektpol beteiligt sind. Am Objektpol befindet sich die Gestalt vor der man sich schämt, den Subjektpol bildet der Aspekt für den man sich schämt. Zum Subjektpol können Handlungen, Verhalten aber auch Gedanken, Wünsche oder Persönlichkeitszüge gehören. Diese können alle als beschämend empfunden werden. Identifizierungen des Subjekts mit nahestehenden Objekten können ebenfalls zum Subjektpol zählen. Dazu gehören Familie, Freunde und sogar Nationen.

Beim Objektpol handelt es sich ursprünglich immer um eine Person, die später zu einer Repräsentanz wird, die in das Über-Ich eingeht. Scham bleibt immer objektbezogen und bei einer sehr starken Anfälligkeit für Schamempfindungen ist der Objektpol zum Teil des Selbst geworden. In diesem Fall kann es geschehen, dass eine äußere Beschämung durch die Verurteilung durch das eigene Gewissen, d. h. die introjizierten urteilenden Objekte, noch verstärkt wird.

In der individuellen Entwicklung setzt sich der Objektpol zunehmend aus internalisierten Repräsentanzen zusammen und wird quasi »depersonalisiert« während sich der Subjektpol immer mehr differenziert. Am Subjektpol sind Verschiebungen von Schaminhalten möglich.

Die Globalität der Scham geht für Wurmser (2007, S. 80) vom Objektpol aus. Scham entsteht für ihn dann, wenn sich eine Diskrepanz auftut, zwischen einer Handlung oder auch Eigenschaft des Subjekts und dem Wunschbild des Subjekts, welches beim Objektpol vermutet und vom Subjekt geteilt wird. Prinzipiell droht in jeder Objektbeziehung Beschämung, natürlich in Abhängigkeit von der narzisstischen Stabilität der beteiligten Subjekte.

Wurmser (2007) weist auf die zirkuläre Natur der Scham hin, dadurch kann jedes Auftauchen von Schamgefühlen Ursache neuer Scham sein (ebd., S. 82).

2.5.3 Die zwei Ebenen der Scham

Wurmser geht von zwei Ebenen beim Schamerleben aus (2007, S. 84). Die empfundene Bloßstellung an sich gehört zur Ebene der Funktion. Der Inhalt der Bloßstellung, also warum Scham individuell einsetzt, bildet die inhaltliche Ebene.

Schämt sich z.B. der Teilnehmer oder die Teilnehmerin einer Fortbildungsveranstaltung einen womöglich ungeplanten Redebeitrag gehalten zu haben, so kann sich dies einerseits auf die Tatsache beziehen, dass er oder sie sich überhaupt zu Wort gemeldet hat. In diesem Fall ist die Ebene der Funktion ausschlaggebend für das Gefühl der Scham. Das Schamgefühl kann sich aber auch auf den Inhalt des Redebeitrages beziehen.

Es ist auch möglich, dass sich Schamgefühle sowohl auf Funktion als auch auf den Inhalt beziehen.

2.5.4 Die Bedeutung der Triebe für die Scham

Anknüpfend an die Triebtheorie Freuds bilden Triebe die psychologischen Antriebskräfte für den Menschen (Wurmser, 2007). Theatophilie und Delophilie sind von Wurmser konzeptualisierte Partialtriebe von Aggression und Libido und fungieren als deren Manifestationen (ebd., S. 262ff.).

Theatophilie

Theatophilie beinhaltet das angeborene Verlangen zu schauen und sich begeistern zu lassen. Durch aufmerksames Sehen können Vereinigung, Bemeisterung oder Beherrschung erreicht werden. Die Tätigkeiten der Aufmerksamkeit, Wahrnehmung und Perzeption werden ebenfalls der Theatophilie zugeordnet. Auch Interesse und Neugier können als Ausdruck dieses Bedürfnisses angesehen werden.

Delophilie

Das Verlangen, sich mitzuteilen, andere zu begeistern und zu beeindrucken und dadurch eine »Verschmelzung« herbeizuführen wird unter dem Partialtrieb der Delophilie subsummiert. Wichtige Aspekte in diesem Bereich sind Ausdrucksfähigkeit, Mitteilungen und grundsätzlich Kommunikation. Die Bedürfnisse nach Selbstdarstellung und Eitelkeiten können ebenfalls dazugerechnet werden.

Die Zone der perzeptiven-expressiven Interaktion

Die beiden Triebmanifestationen sind, so Wurmser (2007), von Geburt an aktiv und schon Säuglinge haben das Bedürfnis nach Ausdruck und Wahrnehmung. Wurmser ordnet Delophilie und Theatophilie der »Zone der perzeptiven und expressiven Interaktion mit der Umgebung« (ebd., S. 257) zu.

In dieser Zone finden bedeutende Schritte zur Entwicklung der Identität statt. Selbstgefühl und Selbstbild entstehen und können beeinträchtigt werden, wenn bereits in den ersten Lebensmonaten die Interaktionen von Sehen (Theatophilie) und Gesehen werden (Delophilie) durch ein Klima von Beschämung, Überwältigung oder Verzerrung der gemeinsamen Aufmerksamkeit beeinträchtigt werden. Frühe Störungen der Interaktionen zwischen Bindungsperson und Kind beeinflussen dieses zweifache Bestreben sich zu zeigen und wahrzunehmen nachteilig und stellen die Weichen für spätere Konflikte. Sie gipfeln in dem durchdringenden Erleben des Liebesunwertes, das den Kern des Schamgefühls bildet.

Für das Individuum stimmen Bedürfnis, Erwartung und Realität nicht überein und diese Diskrepanz kann zur Fragmentierung des Selbst oder Diffusion im Selbst führen (Wurmser, 2007).

2.5.5 Die Scharnierfunktion der Scham

Beide Partialtriebe richten sich sowohl auf libidinöse Ziele wie Verschmelzen und Vereinigen, aber auch auf aggressive Ziele wie Beherrschen, Eindringen und Zerstören. Diesen unbewussten Wünschen, Macht und Kontrolle oder Liebe zu erringen, stehen in Wurmsers Theorie Ängste gegenüber, die darum kreisen, zurückgewiesen, verlassen oder überwältigt zu werden.

Unter hinreichend guten Entwicklungsbedingungen übernimmt die Scham in dieser Konstellation eine »Scharnierfunktion« (Müller, 2018, S. 174). Sie sorgt im optimalen Fall dafür, dass Theatophilie und Delophilie sich nicht in ihre Extreme, Voyeurismus und Exhibitionismus, ausweiten. Sie tritt dann auf, wenn die Partialtriebe durch ihr Drängen zu einem Konflikt für das Subjekt werden können. Sei es, dass eine Bloßstellung die soziale Anerkennung gefährdet oder durch Überwältigung Selbstverlust droht. In diesem Sinne schützt sie das private abgegrenzte Selbst und wird zur Begleiterin eines »sublimen Narzissmus« (Bohleber, 2008, S. 832). Eine Übersteigerung oder die Unterdrückung der Partialtriebe durch die mangelnde Befriedigung der kindlichen Bedürfnisse nach Wahrnehmung, Beachtung der Individualität und Zuwendung, führen zu einer Übermächtigkeit von Schamgefühlen, die unbewusst wirkt. In diesem Fall kann die Persönlichkeitsentwicklung narzisstische Züge annehmen.

2.5.6 Das Gefühl des Liebesunwertes und die Urscham

In Wurmsers Schamkonzept nehmen das Gefühl des »Liebesunwertes« und die damit zusammenhängende »Urscham« eine bedeutende Rolle ein (2007, S. 158).

In der Urscham stellt sich das durchdringende Gefühl des völligen Liebesunwertes ein, des Gefühls, ganz im Innersten der Liebe und

Zuwendung nicht Wert zu sein. Die theatophilen und delophilen Bedürfnisse haben am Lebensbeginn ihren Platz im perzeptiv-expressiven Austausch mit dem Objekt. Werden diese Bedürfnisse aber in der Interaktion mit dem Objekt nicht in ausreichendem Maße befriedigt z. B. durch unempathisches Verhalten der Bezugsperson, so kommt es zur frühen Traumatisierung. Das Kind kommt zu dem Schluss, dass es der Aufmerksamkeit nicht wert ist und nicht in der Lage ist, seine Bezugsperson so zu faszinieren, dass sie sich ihm zuwendet. Es fühlt sich quasi unsichtbar und die eigene kindliche Identität kann mit großer Scham besetzt sein, denn sie muss verheimlicht werden, um die Aufmerksamkeit und Zuneigung der Bezugspersonen zu erhalten. Im Kind entsteht die Überzeugung des eigenen Liebesunwertes und eines tiefgreifenden persönlichen Makels, der Urscham. Bloßstellung bedeutet das Aufdecken des eigenen Liebesunwertes, der eigenen Unsichtbarkeit und kann dadurch unerträgliche Scham hervorrufen.

In jeder menschlichen Entwicklung kommt es in der gemeinsamen Aufmerksamkeit zu Frustrationen und Disharmonien, so dass auch jeder Mensch mit der ursprünglichen Scham des Liebesunwertes konfrontiert wird. Bei hinreichend guten Entwicklungsbedingungen bleiben im späteren Leben allerdings nur Abkömmlinge nichttraumatischer Gefühle in der Scham erhalten. Sind die Bedingungen aber nicht hinreichend gut und wird die Individualität des Kindes nicht beachtet, so werden die Bedürfnisse nach Ausdruck und Wahrnehmung im späteren Leben massiv überbesetzt. Das Ausdrücken von Gefühlen kann als Gefahr der Verletzlichkeit und Selbstpreisgabe empfunden werden. Wurmser (2007, S. 298) ist überzeugt, dass jede schwere Traumatisierung in den ersten drei oder vier Lebensjahren die individuelle Überzeugung des Liebesunwertes bewirken kann.

2.5.7 Abwehr und Maskierung von Scham

Scham erfasst das ganze Selbst und wird zu einem übermächtigen schmerzhaften Affekt, wenn dem Subjekt eine ausreichende Schamfähigkeit und -toleranz nicht zur Verfügung steht. In diesem Fall werden Abwehrmechanismen eingesetzt und die Scham maskiert. Abwehrmechanismen arbeiten unbewusst und werden durch vielfältige Formen von Angst oder Affekten, die Unlust auslösen, aktiviert. Die Abwehrmechanismen gegen nicht denkbare und nicht erlebbare Scham finden Eingang in die soziale Realität des Subjekts und werden dort wirksam. Wurmser (2007) hat ein breites Spektrum an Abwehren identifiziert, die, wenn man Schule als einen schamrelevanten Ort erkennt, auch dort wirksam werden (müssen). Eine genauere Kenntnis dieser Mechanismen hilft Pädagoginnen und Pädagogen, Scham hinter bestimmten Verhaltensweisen zu erkennen, sie zumindest als Ursache mitzudenken, und geeignete Reaktionen zu finden. Kenntnisse über die Abwehrmechanismen gegenüber Schamgefühlen können helfen, eine schamsensible pädagogische Haltung gegenüber den Schülerinnen und Schülern zu erwerben, Schamgefühle durch Bloßstellungen nicht noch zu verstärken und die eigenen Gefühle zu verstehen.

Die Verleugnung von Scham

Wird Scham als überwältigend empfunden, so ist dies traumatisch und es stellt sich das Gefühl von Kontrollverlust ein. Die Verleugnung des emotionalen Aspekts einer Handlung oder eines Geschehnisses kann als Versuch verstanden werden, die Kontrolle wiederzugewinnen. Die Verleugnung von Scham kann sich sowohl auf die Ebene der Funktion – die Beschämungssituation an sich – als auch auf die inhaltliche Ebene – den Inhalt der Beschämung – oder beides beziehen. Narzisstische Kränkungen aber auch eigene Handlungen oder verbale Äußerungen können dabei in ihrer emotionalen Tragweite für das Selbst verleugnet werden und hinter einem demonstrativ gezeigten oder stark hervorgehobenen Selbstvertrauen kann das Gefühl von Wertlosigkeit stecken.

Es wundert Lehrkräfte immer wieder, dass Schülerinnen und Schüler bestimmte eigene Handlungen oder Äußerungen aus tiefster Überzeugung leugnen, obwohl es Mitschülerinnen und Mitschüler oder Lehrkräfte gibt, die die betreffende Handlung oder Äußerung »bezeugen«. Eine mögliche Interpretation ist die Annahme, dass es einfacher auszuhalten ist, der Leugnung oder Lüge bezichtigt zu werden, als Scham zu fühlen.

Gelegentlich nehmen Pädagoginnen und Pädagogen bei Schülerinnen und Schülern eine durchdringende Langeweile wahr, die sich bei den unterschiedlichsten Unterrichtsinhalten oder -aktivitäten zeigt. Langeweile kann dafür sorgen, dass Gefühle nicht mehr empfunden werden und dadurch als Schutz gegenüber bedrohlichen Schamgefühlen dienen. In der Langeweile bleibt das Subjekt »unberührt« vom Schamerleben.

Ist das Subjekt vom eigenen Liebesunwert überzeugt, so werden Gefühle, die mit dem beschämenden Selbstanteil in Verbindung gebracht werden können, blockiert oder verleugnet. Es können auch zärtliche Gefühle oder Gefühle betroffen sein, die mit Zuwendung allgemein oder Geben und Nehmen zusammenhängen. Vielen Pädagoginnen und Pädagogen sind Kinder oder Jugendliche bekannt, die harmonische Situationen, in denen es um emotionales Geben und Nehmen geht z.B. Situationen wie gemeinsames Kochen und Essen, nur schlecht aushalten können. Häufig wird dann ein Abbruch der Situation von Seiten des Kindes oder Jugendlichen inszeniert, um die Konfrontation mit eben diesen Gefühlen zu verhindern.

Identifizierung mit dem Aggressor

Die Identifizierung mit dem Aggressor dient ebenfalls der Maskierung von Scham (Wurmser, 2007, S. 318). Im Sinne Anna Freuds (2019, S. 109ff.) kann es dazu kommen, dass Kinder diesen Mechanismus einsetzen, um ihre Angst vor Autoritätspersonen zu bewältigen. Das Kind introjiziert etwas vom Angstobjekt, seien es Eigenschaften oder die empfundene Aggression, und verwandelt sich nun selbst in einen »Bedroher«. Befürchtet das Kind in der Angstsituation schwer aushaltbare Schamgefühle, so erniedrigt und verachtet es andere, um der eigenen Verachtung dem Selbst gegenüber zu entgehen. Hirsch (1996) weist auf Ferenczi (1972 [1933]) der in diesem Mechanismus den Versuch der psychischen Bewältigung real erlebter traumatischer Gewalt sah. Bei diesem Bewältigungsversuch kommt es zur Wendung der Aggression, die eigentlich dem Aggressor gilt, gegen das eigene Selbst (Hirsch, 1996).

Beide Möglichkeiten, die Wendung der Aggression gegen andere oder das eigene Selbst, bedeuten eine Wendung von passiv zu aktiv. Richtet sich die Aggression gegen das Selbst kann dies u. a. zu Suchterkrankungen führen, sich in der Partnerwahl niederschlagen oder das Scheitern am Erfolg, wie es in der Schule möglich ist, bedeuten.

Projektive Identifizierung

Trauth (2003) bezieht sich auf Bion (1962), wenn er ausführt, dass es sich bei der projektiven Identifizierung sowohl um eine Interaktionsform im Sinne von Containing, als auch um eine Abwehrform gegenüber nicht akzeptierten Selbstanteilen des Subjekts handelt.

Beim Containing werden psychische Zustände in das Objekt verlegt, um diese zu kommunizieren und möglicherweise in erträgliche Gedanken transformiert wieder aufzunehmen (Bion, 1962). Dies geschieht in der Mutter-Kind-Beziehung, aber auch in therapeutischen Beziehungen.

Wird die projektive Identifizierung als Abwehrform gegenüber Gefühlen oder Gedanken eingesetzt, die mit nicht aushaltbarer, nicht denkbarer Scham verbunden sind, so werden die mit der Scham behafteten Selbstanteile vom Subjekt externalisiert und in das Gegenüber verlagert. Auf Seiten des Objekts entsteht durch subtiles oder offen manipulatives Verhalten des Subjekts der Druck, sich mit den projizierten Inhalten zu identifizieren und in der sozialen Realität eine entsprechende Rolle zu übernehmen. Die mit Scham verbundenen Selbstanteile können dann vom Subjekt im Objekt kontrolliert werden. Diese Kontrolle kann einschüchternd sein und es kann sogar zu körperlichen Angriffen gegenüber dem Objekt kommen. In der psychoanalytischen Literatur wird dieser Abwehrvorgang hauptsächlich mit Borderline-Erkrankungen in Verbindung gebracht und innerhalb eines psychoanalytisch-therapeutischen Rahmens diskutiert. Es ist aber auch denkbar, dass es zu projektiven Identifizierungen im Kontext von

Schule und Unterricht kommt. Denn hier gibt es durch die Vielzahl der sozialen Beziehungen Gelegenheit für das schambelastete Subjekt, »geeignete Partnerinnen oder Partner« für eine solche »Entlastung« zu finden. Von jüngeren Schülerinnen und Schülern wird dabei aus entwicklungspsychologischer Sicht vermutlich eher Containing angestrebt. Daneben kann es aber auch zur projektiven Identifizierung als Abwehrmechanismus im Zusammenhang mit schambehafteten Selbstanteilen kommen. In der Übertragungs-Gegenübertragungsbeziehung zwischen Jugendlichen und Pädagoginnen bzw. Pädagogen sind solche Prozesse ebenfalls denkbar. Projektive Identifizierungen sind nicht ohne weiteres erkennbar und den Beteiligten nicht bewusst. Supervision könnte für Pädagoginnen und Pädagogen eine Möglichkeit darstellen, diese Prozesse aufzudecken und Kenntnisse darüber in die Gestaltung der pädagogischen Beziehung einfließen zu lassen. Destruktives Gegenübertragungsagieren von Seiten der Pädagoginnen und Pädagogen könnte dadurch vermieden werden.

Herausforderung von Beschämung

Was Wurmser (2007, S. 311) als »pars pro toto«-Abwehr oder »Abwehr durch Begrenzung« nennt, zeigt sich als eine in der sozialen Realität immer wieder herausgeforderte Beschämung oder Demütigung. Diese dient als Abwehr gegen das viel tiefere und existenzielle Gefühl der Urscham und des Liebesunwertes. In diesem Fall wird eine »dosierte« Beschämung inszeniert, um die noch größere Beschämung durch das Gefühl des grundsätzlichen Liebesunwertes zu abzuwehren.

Schreib- und Sprechhemmungen

Eine weitere Form des Schutzes gegen das Erleben von bedrohlichen Schamgefühlen sind Schreib- und Sprechhemmungen als eine Maskierung von Scham. Wurmser (2007, S. 120) führt als Beispiel einige seiner hochbegabten und kreativen Kollegen an, die große Probleme haben, ihre Ideen und Gedanken, schriftlich oder mündlich, einem Publikum vorzustellen. Wurmser vermutet, dass in diesen Fällen

Scham die Realisierung exhibitionistischer Wünsche verhindert. Im alteritätstheoretischen Sinne ergibt sich eine weitere Deutung. Durch die öffentliche Präsentation der eigenen Gedanken, sei es schriftlich oder mündlich, erkennt die Urheberin bzw. der Urheber der Gedanken die Abgegrenztheit des eigenen Selbst an oder spürt sie zumindest. Das Selbst konturiert sich. Außerdem setzt sie bzw. er sich der Kritik anderer aus und auch dabei kommt es zur »Grenzerfahrung«, da andere womöglich die eigenen Gedanken oder Ideen nicht teilen und sich dadurch die eigene Identität scharf konturiert. Scham wird abgewehrt indem die eigene Expressivität eingeschränkt wird und »Grenzerfahrungen« zwischen Selbst und Objekt nicht zugelassen werden.

Generell kann durch Schweigen sowohl eine mögliche Schamerfahrung vermieden als auch die Illusion von Ungeschiedenheit aufrechterhalten werden.

Impulshandlungen

Wurmser (1986) und Kaufmann (1989) weisen auf die psychodynamisch nahe liegende Verbindung von Schamthematik, mangelnder Steuerungsfähigkeit und Impulshandlung hin. Durch eine Impulshandlung, die als Spannungsabfuhr für den schwer aushaltbaren Affekt der Scham dient, können für das Selbst unerträgliche Schamgefühle in Schuldgefühle umgewandelt werden. Diese sind subjektiv leichter zu ertragen als das alles vernichtende Schamgefühl (Seidler, 2015, S. 283). Diese Abwehr schadet aber auf längere Sicht dem Subjekt. Denn unüberlegte Handlungen können zu sekundärer Scham führen. Außerdem belasten die Impulshandlungen die sozialen Beziehungen. In Schule und Unterricht führen sie dazu, dass Schülerinnen und Schüler als »auffällig«, »verhaltensgestört« oder »aggressiv« identifiziert werden. Dieses Stigma kann die weitere Schullaufbahn entscheidend beeinflussen.

Ein Zusammenhang zwischen Schamfähigkeit und Impulshandlungen ist auch unter dem Blickwinkel der Alteritätstheorie plausibel, denn die Fähigkeit, wahrzunehmen, wie das eigene Handeln vom Anderen eingeschätzt wird, ist Ursache, Ausdruck und Folge der Fähigkeit zur Selbstreflexivität. Diese Fähigkeit wird in der Seidler'schen Alteritätstheorie als objektive Selbstbewusstheit beschrieben. Nur wenn die dazugehörige reflexive Schleife zur Verfügung steht, wenn jemand also auf einem triangulären Niveau organisiert und damit auch schamfähig ist, können selbst gesteuerte Prozesse realisiert werden.

Die Weitergabe von Kränkungen als Schamabwehr

Mit der Weitergabe von Kränkungen an ein Ersatzobjekt können übermächtige Schamgefühle abgewehrt werden. Auch das Übergehen anderer bedeutet für Wurmser eine Form von Verachtung gegenüber Dritten und stellt eine Reaktion auf verborgene Scham (2007, S. 305) dar. Durch diese Missachtung wird der andere entwertet. Im alteritätstheoretischen Verständnis handelt es sich um eine Objektivierung, also eine schmerzhafte Verdinglichung des Gegenübers. Das Gegenüber wird dadurch beschämt und dies führt zu einer kurzfristigen Entlastung für das Subjekt.

Neben dem Übersehen und Übergehen anderer kann Scham auch abgewehrt werden, indem andere lächerlich gemacht oder in eine ohnmächtige Wut gebracht werden.

»Deine Mutter ist eine Hure.«

»Ich hab' deine Mutter gefickt.«

Diese Sätze habe ich als Lehrerin häufig auf Schulhöfen gehört und gesehen, welch rasende und hilflose Wut dadurch ausgelöst werden kann. Diese Beleidigungen und Provokationen könnten Indikatoren einer verborgenen Schamthematik sein.

Affekte als Abwehr gegen Scham

Andere Affekte können als Abwehr gegenüber Schamgefühlen eingesetzt werden. Dazu gehören, so Wurmser (2007, S. 307) auch Trotz und Aufbegehren. Das Aufbegehren von Schülerinnen und Schülern gegenüber Anforderungen bezogen auf Schulleistungen, Verhaltensregeln oder Kommunikationswünsche könnte vor diesem Hintergrund als Versuch verstanden werden, sich vor beschämend empfundenen Übergriffen zu schützen. In diesem Fall geht es darum, die eigene Autonomie und Integrität zu bewahren.

Natürlich muss immer die individuelle Lebens- und Lerngeschichte von Schülerinnen und Schülern berücksichtigt werden. Die vielleicht etwas schablonenhaft dargestellten Mechanismen sollten nicht vorschnell auf Unterrichtssituationen und Konflikte übertragen werden.

2.6 Zusammenfassung

Scham ist an der Subjektkonstitution, der seelischen Strukturbildung und dem Erwerb der Symbolisierungsfähigkeit beteiligt. Sie befähigt zur Selbstreflexion, d.h. zur Fähigkeit, sich selbst zum Beobachtungsobjekt zu nehmen und ermöglicht damit die Erkenntnis der mentalen Urheberschaft. Dies lässt einen Zusammenhang mit der Fähigkeit zu Mentalisieren vermuten.

Für die Regulierung der sozialen Beziehungen ist eine funktionale Schamfähigkeit notwendig. Takt und Gewissensbildung werden durch erträgliche Schamgefühle gefördert. Schamkompetenz und Beziehungskompetenz bedingen sich gegenseitig und sind vermutlich eingebettet in die Fähigkeit zu Mentalisieren. Der detaillierte Zusammenhang zwischen der Scham und der Fähigkeit zu Mentalisieren wird im vierten Kapitel herausgearbeitet.

Die Fähigkeit, Scham auszuhalten und dadurch die beschriebenen Kompetenzen zu entfalten, wird in spiegelnden Interaktionsprozessen mit den Bindungspersonen erworben. Dies gilt ebenfalls für die Mentalisierungsfähigkeit. Misslingen die frühkindlichen Spiegelungsprozesse, werden die Bedürfnisse nach Sehen und Gesehen nicht hinreichend gut erfüllt, so kann sich die Schamfähigkeit bzw. Schamtoleranz nur unzureichend und fragil entwickeln. Die Überzeugung des eigenen Liebesunwertes, die Urscham, kann entstehen.

Steht die Schamfähigkeit nicht ausreichend zur Verfügung oder überwiegt die Überzeugung des Liebesunwertes, so werden

Abwehrmechanismen eingesetzt, um der Unerträglichkeit des Schamgefühls zu entgehen. Die Abwehrmechanismen schützen das Subjekt vor den unerträglichen Gefühlen, aber gleichzeitig können sie die sozialen Beziehungen beeinträchtigen und Gelegenheiten, die eigene Schamfähigkeit zu üben, werden abgewendet. Fehlt eine funktionale Schamhaltung und sind Selbstreflexivität und Symbolbildung beeinträchtigt so bedeutet dies, dass Gefühle nur schwer regulierbar sind.

Die Grenzen zwischen Subjekt und Objekt und zwischen »Mein« und »Dein« sind fragil oder verschwommen. Die Erkenntnis mentaler Urheberschaft kann nicht erworben werden.

2.7 Konsequenzen für die Pädagogik

Da Schule ein Ort ist, an dem es häufig zu beschämenden Situationen kommen kann, sollten die dort tätigen Pädagoginnen und Pädagogen über eine Sensibilität für den Grad der Schamfähigkeit von Schülerinnenn und Schülern verfügen. Dazu gehört es, Schamphänomene in den Fokus zu nehmen und Abwehrmechanismen zu erkennen. Ein Wissen über das dynamische und wechselseitige Verhältnis von Selbst und anderem im Schamgeschehen sollte verfügbar sein.

Als Voraussetzung dafür muss neben den theoretischen Grundkenntnissen eine eigene funktionale Schamfähigkeit vorhanden und in eine hinreichend gute Mentalisierungsfähigkeit eingebettet sein. Ziel in der pädagogischen Beziehung ist es, einen respektvollen Umgang zu pflegen, d.h. Grenzen zwischen Selbst und Anderen zu akzeptieren. Ferner sollte flexibel auf Schülerinnen und Schüler reagiert werden und z.B. »Bühnensituationen« im Unterricht nur für diejenigen bereitgehalten werden, für die sie förderlich sind. Achtsamkeit, Respekt und Akzeptanz von Heterogenität können in der pädagogischen Beziehung einen schamsensiblen Umgang fördern.

3. Hintergrund und Konzepte zum Erwerb der Mentalisierungsfähigkeit und ihrer Bedeutung

Nachdem im zweiten Kapitel die Alteritätstheorie von Seidler und das dazugehörige Schamkonzept als grundlegende Theorie eingeführt wurden, werden im dritten Kapitel wissenschaftliche Theorien zum Erwerb und der Bedeutung der Mentalisierungsfähigkeit vorgestellt. Dabei werden Erkenntnisse aus der Entwicklungs- und Kognitionspsychologie einbezogen. Der Schwerpunkt liegt auf dem psychosozialen Entwicklungsmodell von Fonagy et al. (2006), da sich anhand dieses Modells und seiner Verknüpfung mit dem alteritätstheoretischen Schamverständnis das Verhältnis von Scham und Mentalisierung genau bestimmen lässt.

Unter der Fähigkeit zu mentalisieren, in der Entwicklungs- und Kognitionspsychologie auch als das Vorhandensein einer Theory of Mind beschrieben, wird die Fähigkeit verstanden, sich selbst und anderen intentionale bzw. mentale Zustände zuzuschreiben und damit Verhalten interpretieren und vorhersagen zu können.

Die kognitionspsychologisch orientierte Theory of Mind-Forschung und die psychoanalytisch und bindungstheoretisch orientierte Mentalisierungstheorie der Forschungsgruppe um Peter Fonagy (2006) teilen dieses Verständnis. Beide Forschungsausrichtungen betrachten die im vorliegenden Kapitel beschriebenen Entwicklungsschritte als bedeutsam für die Entwicklung einer Theory of Mind bzw. der Mentalisierungsfähigkeit. In der grundsätzlichen Bewertung des Entwicklungsverlaufes bestehen allerdings erhebliche Unterschiede.

In der Mentalisierungstheorie wird davon ausgegangen, dass auch das Erleben von Affekten, der Umgang mit ihnen und die Gestaltung von Beziehungen von der Fähigkeit zu mentalisieren geprägt werden.

Aus kognitionspsychologischer Sicht sind der Erwerb und die Anwendung einer Theory of Mind das Produkt eines kindlichen Reifungsprozesses, die Qualität der Beziehung zwischen Kind und Bindungsperson scheint eine untergeordnete Rolle zu spielen. Wie dieser Prozess allerdings abläuft, wird von den Forschern und Forscherinnen kontrovers diskutiert und ist Gegenstand des Kapitels 3.5.

Peter Fonagy et al. (2006) haben die Theory of Mind-Forschung erweitert und in ihrer Theorie sowohl mit der Bindungstheorie als auch mit der Psychoanalyse verbunden. Das Ergebnis ist ein psychosoziales Entwicklungsmodell, in dem der Erwerb der Mentalisierungsfähigkeit als Produkt des intersubjektiven Austauschs zwischen Kind und Bindungsperson erklärt wird. Vor einem psychoanalytisch orientierten Theoriehintergrund wird der Beziehung zwischen Kind und Bindungsperson eine entscheidende Bedeutung zugeschrieben. Diese Beziehung beeinflusst die Fähigkeit zu mentalisieren, die wiederum die Affektregulation, die Beziehungsgestaltung und insgesamt die Subjektkonstitution prägt. Mit Taubner (2016, S. 15) kann formuliert werden, dass die »Mentalisierungstheorie als eine psychoanalytisch begründete Theorie des Geistes oder Theory of Mind (ToM) gelten« kann.

Ein tieferliegender Zusammenhang zwischen der Mentalisierungsfähigkeit und der Scham als Schnittstellenaffekt – im Sinne von Seidlers Alteritätstheorie – kann vermutet werden. Denn auch der Schamaffekt und die Schamfähigkeit beeinflussen die Ausbildung des Selbst, die Interpretation von Bindungsbeziehungen und das Verhältnis von subjektiver innerer und äußerer Realität. Mentalisierungsfähigkeit und Schamfähigkeit werden in den frühen Bindungsbeziehungen erworben und bedingen einander. Die Mentalisierungsfähigkeit determiniert den Grad der funktionalen Schamfähigkeit, die Fähigkeit, mit Scham konstruktiv umzugehen kann wiederum die Qualität der Mentalisierungsfähigkeit bestimmen.

Bisher wurde dem Affekt der Scham in der Mentalisierungstheorie nur wenig Aufmerksamkeit gewidmet. Im vierten Kapitel wird diese

Forschungslücke geschlossen und der Zusammenhang zwischen Scham und Mentalisierung detailliert herausgearbeitet.

3.1 Die Ursprünge der Idee einer Theory of Mind

Den Begriff »Theory of Mind« haben die Psychologen Premack und Woodruff im Jahr 1978 auf die Erforschung von Tierkognitionen angewandt. Ihr Interesse galt der Frage, ob Tiere über eine »Theorie des Denkens« verfügen, also »sich selbst und anderen mentale Zustände zuschreiben« (Premack & Woodruff 1978, S. 515) können und damit über ein Wissen über das Wissen anderer verfügen.

Gestützt auf weitere Untersuchungen auch zur Theory of Mind bei Kindern (Poulsen et al., 1979) argumentierten Premack und Woodruff, die Fähigkeit, mentale Zustände zuzuschreiben und zwar sowohl sich selbst als auch anderen, lasse auf eine »Theorie des Denkens«, eine »Theory of Mind« schließen. Schließlich seien die mentalen Zustände nicht direkt beobachtbar und daher theoretische Konzepte erforderlich um diese zu erschließen. Nur so könnten die zugeschriebenen Zustände für die Prognose des eigenen Verhaltens oder des Verhaltens anderer genutzt werden.

3.2 Begrifflichkeit

Mittlerweile werden die Begriffe Metakognition, Reflexivität, Mentalisierung und Theory of Mind parallel bzw. ohne deutliche Trennschärfe verwendet (Daudert, 2002). In der Entwicklungs- und Kognitionspsychologie wird allerdings überwiegend von Theory of Mind gesprochen.

Die Forschungsgruppe um Fonagy hat sich für den Begriff der Mentalisierung bzw. Mentalisierungsfähigkeit entschieden, da sie in ihrem psychosozialen Entwicklungsmodell einer Theorie des Geistes einen starken Fokus auf mentale Inhalte und affektive Kontexte legt (Taubner, 2018).

Als Theory of Mind werden alltagspsychologische Konzepte bezeichnet (Sodian, 2008), die es dem Menschen ermöglichen, sich selbst und auch anderen Personen mentale Prozesse zuzuschreiben. Unter dem Stichwort »beliefs« werden dabei Produkte des Denkens wie z. B. Ansichten, Meinungen, Vorstellungen und Überzeugungen zusammengefasst. Bedürfnisse, Absichten und Wünsche werden als Antriebskräfte des Handelns unter dem Stichwort »desires« subsummiert. Mit Hilfe einer Theory of Mind sind Menschen in der Lage, das eigene Verhalten und das Anderer zu erklären, zu interpretieren und auch vorherzusagen. Außerdem gelingt es, mit Hilfe einer Theory of Mind die Perspektive einer anderen Person einzunehmen (Badstieber, 2008).

Dies alles ist möglich, wenn verstanden wird, dass Handlungen durch mentale Zustände hervorgerufen werden, ein Verständnis für mentale Repräsentationen vorhanden ist und die Einnahme eines intentionalen Standpunktes gelingt.

3.3 Die Bedeutung von Intentionalität und Repräsentationen in der Philosophie des Geistes

Intentionalität ist ein zentraler Begriff in der Philosophie des Geistes und beschreibt das Gerichtetsein von menschlichen Wahrnehmungen und Überzeugungen auf bestehende Gegenstände oder Sachverhalte in der Welt (Schlicht, 2008). Dabei können ebenfalls momentan nicht existierende oder grundsätzlich nicht existierende Objekte – Schlicht nennt den Weihnachtsmann als Beispiel – gemeint sein und als intentionaler Gegenstand oder Sachverhalt dienen.

Bezieht sich die intentionale Haltung auf nicht existierende Gegenstände oder Sachverhalte, fasst die Philosophie des Geistes intentionale Zustände als Repräsentationen auf. Die Repräsentationen verfügen über einen psychischen Modus, dieser kann Wünsche, Überzeugungen oder Absichten umfassen. Andererseits verfügen sie über einen Gehalt, der die Vorstellung von einem Objekt oder einem Sachverhalt enthält.

Der Gehalt kann sich auch auf nicht existierende oder nicht zutreffende Sachverhalte beziehen.[13]

Nicht nur Wahrnehmungen oder Überzeugungen beziehen sich auf das »Intendierte« oder den »intentionalen Gegenstand« (Schlicht, 2008, S. 59), sondern auch das menschliche Handeln, da es auf den Wahrnehmungen oder Überzeugungen beruht, die sich auf den intentionalen Gegenstand oder Sachverhalt beziehen.

Werden intentionale Zustände wie Wünsche oder Überzeugungen als handlungsleitend aufgefasst, so gehen die Kognitionswissenschaften von der Verfügbarkeit einer Theory of Mind – einer Theorie des Geistes – aus.

Der Mentalisierungsbegriff von Fonagy et al. (2006, S. 31) beinhaltet, einen intentionalen Standpunkt einzunehmen und »sich mentale Zustände im eigenen Selbst und in anderen Menschen vorzustellen«. Durch diese Zuschreibung mentaler Befindlichkeiten an das eigene Selbst und andere, also die Einnahme einer intentionalen Haltung, kann Verhalten interpretiert aber auch vorhergesagt werden. Damit ist die Einnahme der intentionalen Haltung ein wichtiger Schritt zur Entwicklung der Mentalisierungsfähigkeit. In der Mentalisierungstheorie wird davon ausgegangen, dass Eltern ihrem Kind gegenüber von Geburt an eine intentionale Haltung einnehmen (Taubner, 2018) und das Kind so im Laufe der Zeit den Zugang zum eigenen Selbst und der mentalen Befindlichkeit anderer gewinnt und Mentalisierungsfähigkeit entwickelt.

3.4 Die Entwicklungspsychologie der Theory of Mind

Es gibt eine Reihe von kindlichen Verhaltensweisen im Säuglings- und Kleinkindalter, die in der Entwicklungspsychologie als »Theory of Mind-›verdächtig‹« (Bischof-Köhler, 2000, S. 9) gelten und intentionales Wissen vermuten lassen. Auch die Mentalisierungsforschung

13 Zum Konzept der falschen Überzeugung (*false belief*) siehe Kapitel 3.4.7.

teilt diese Erkenntnisse, wenn sie auch von einem Entwicklungskontext innerhalb von Bindungsbeziehungen für die Entwicklung der Mentalisierungsfähigkeit ausgeht.

Einige markante Entwicklungsschritte werden im Folgenden dargestellt.

3.4.1 Die Repräsentation von Handlungszielen

Woodward (1998) konnte durch ihre Habituationsexperimente nachweisen, dass schon sechs Monate alte Babys eine menschliche Greifbewegung als objektgerichtet wahrnehmen und eine Hand von einem unbelebten Gegenstand unterscheiden können. Dies lässt die Schlussfolgerung zu, dass ein Handlungsziel bereits in diesem Alter repräsentiert wird (Sodian & Thoermer, 2006, S. 507).

3.4.2 Verhalten als zielorientiert und intentional interpretieren

Gergely et al. (1995) haben in einer visuellen Habituationsstudie neun bis zwölf Monate alten Babys auf einem Bildschirm computeranimierte Kreise und Dreiecke gezeigt, die Hindernisse übersprangen. Bereits Kinder im Alter von neun Monaten reagierten überrascht, wenn sich die gezeigten Figuren nicht rational verhielten, also z. B. sprangen, obwohl kein Hindernis vorhanden war. Die Wissenschaftler schlossen aus ihren Untersuchungen, dass die Kinder im Alter von neun bis zwölf Monaten in der Lage waren, das Verhalten der gezeigten Figuren als zielorientiert und intentional zu interpretierten. Dazu waren sechs Monate alte Kinder noch nicht in der Lage.

3.4.3 Die sozio-kognitive Neunmonatsrevolution

Gleich mehrere Wissenschaftler heben die bedeutsamen Entwicklungsschritte von neun bis zwölf Monate alten Kindern hervor. So spricht Tomasello (2002) von einer sozio-kognitiven »Neunmonatsrevolution« (nach Taubner, 2016, S. 42). Kinder ab diesem Alter verstehen intentionale Aktionen. Sie können Mittel und Ziel unterscheiden und Verhalten, wenn nötig modifizieren, um möglichst effektiv ein

Ziel zu erreichen (Fonagy et al., 2006, S. 229ff.). Schlicht (2008, S. 78) unterstützt dies und spricht von einer »kopernikanischen Wende«, die im Alter von neun bis zwölf Monaten stattfindet, da die Kinder qualitativ neue intentionale Verhaltensweisen zeigen. Dazu gehört auch das Phänomen der geteilten Aufmerksamkeit (Tomasello, 2002). Kinder sind in der Lage, ihre Aufmerksamkeit gemeinsam mit Erwachsenen auf einen dritten Gegenstand zu konzentrieren. Auch Fonagy et al. (2006) sehen im protodeklarativen Zeigen eine kindliche Geste um die Aufmerksamkeit des Gegenübers zu steuern und damit verbunden die Fähigkeit, »[…], der Betreuungsperson zumindest eine gewisse Art von intentionalen und mentalen Zuständen zuzuschreiben, […]« (Fonagy et al., 2006, S. 227). Für das protoimperative Zeigen halten sie allerdings auch eine nicht-mentalistische Erklärung für möglich.

3.4.4 Die Erkenntnis der Bedeutung des Wissens für das menschliche Handeln

Die Kenntnis, dass Wissenszustände menschliches Handeln leiten, bildet für die Entwicklungspsychologie ein bedeutendes Kernelement, denn diese Erkenntnis macht die Einnahme einer intentionalen Haltung möglich.

Sodian (2008) verweist in diesem Zusammenhang auf die Untersuchungen von Moll und Tomasello (2004). Diese konnten feststellen, dass zwölf und 18 Monate alte Kinder versuchten hinter eine Barriere zu schauen, um herauszufinden, was ein Erwachsener dort sehen konnte. Kinder in diesem Alter verstehen also, dass andere etwas sehen können, was sie selbst nicht sehen können und verfügen damit zumindest über ein rudimentäres Verständnis für die Bedeutung von Informationszuständen bei sich und anderen und deren handlungsleitende Wirkung.

Gegen Mitte des zweiten Lebensjahres beginnen Kinder zwischen eigenen und den mentalen Zuständen anderer zu unterscheiden und diese auch zu verstehen. In Experimentalsituationen gaben 14 Monate alte Kinder einem Versuchsleiter dasjenige Lebensmittel, das sie selbst am liebsten mochten (Cracker), ungeachtet der gezeigten Vorliebe des Erwachsenen für das andere Lebensmittel (Brokkoli). Dagegen konnten Kinder im Alter von 18 Monaten auf die verbal und mimisch gezeigte Präferenz des Versuchsleiters Rücksicht nehmen und boten ihm das entsprechende Lebensmittel an (Repacholi & Gopnik, 1997). Die Anderthalbjährigen konnten demzufolge erkennen, dass die Vorlieben des Versuchsleiters sich von den eigenen unterscheiden und den Wunsch aus den Reaktionen des Versuchsleiters ableiten.

3.4.5 Die Entwicklung von Empathie

Ebenfalls im zweiten Lebensjahr entwickelt sich die Fähigkeit zur Empathie (Bischof-Köhler, 1989, 2000, 2010). Kinder zeigen einfühlsame und teilnehmende Reaktionen, wenn sie mit Empathie auslösenden Situationen konfrontiert sind. Sind Kinder zu mitfühlenden Reaktionen in der Lage, so kann daraus gefolgert werden, dass sie den subjektiven Zustand anderer Personen vom eigenen Gefühl unterscheiden können (Fonagy et al., 2006, S. 245).

Das »Du«, der Andere, wird als abgegrenztes Objekt repräsentiert und Bischof-Köhler (1989, 2010) spricht als Konsequenz dem Kind die Fähigkeit zu, sich selbst aus der Außenperspektive zu betrachten. Damit einher geht auch die Selbsterkennung im Spiegel.

3.4.6 Die Bedeutung des symbolischen Spiels

Die Fähigkeit zum symbolischen Spiel setzt bei Kindern etwa ab einem Alter von 18 Monaten ein. Mit dem in der Literatur häufig verwendeten Begriff »Pretend Play« werden die spielerischen Tätigkeiten von Kindern beschrieben, bei denen sie fiktive Handlungen oder Objekte konstruieren und dabei ihnen bekannte Gegenstände oder auch Personen benutzen. In der Wissenschaft liegen unterschiedliche Deutungen über die Relevanz dieser Fähigkeit für die Verfügbarkeit einer Theorie des Geistes vor.

Leslie (1988) geht davon aus, dass es einen speziellen angeborenen Mechanismus gibt, der für das Auftreten von Pretend Play verantwortlich ist und hilft, das symbolische Spiel von der realen Welt zu trennen (Leslie, 1991). Er ist außerdem der Überzeugung, dass Pretend Play eine frühe Manifestation der kindlichen Theory of Mind ist. Für Leslie gibt es eine gemeinsame repräsentationale Basis für das kindliche symbolische Spiel und die verbale Kommunikation über mentale Zustände. Diese grundlegenden Repräsentationen bezeichnet er als Metarepräsentation.

Für Perner (1991) bedeutet die Fähigkeit zum Pretend Play, dass Kinder sekundäre Repräsentationen, also komplexere Modelle der Welt, bilden können. Pretend Play wird nicht nur von einem möglichen Beobachter als solches erkannt, den kindlichen Akteuren ist der Als-Ob-Modus ihrer Handlungen ebenfalls bewusst (ebd., S. 52). Dies ist an ihrer Mimik und ihren verbalen Äußerungen zu erkennen. Für diese Erkenntnis benötigen die Kinder zwei Modelle der Wirklichkeit, die Perner als »Reality-Model« (reale Situation) bzw. »As-If-Model« (hypothetische Situation) bezeichnet. Kinder »switchen« in ihrem Spiel zwischen beiden Modellen der Wirklichkeit hin und her. Gefordert sind dabei die gleichen Fähigkeiten wie bei der Zeitunterscheidung: Auch Gegenwart und Vergangenheit werden als zwei unterschiedliche Modelle repräsentiert. Aber, so Perner, das Verständnis, das etwas anders sein könnte als es ist, setzt nicht das Verständnis dafür voraus, dass etwas benutzt werden kann um etwas anderes zu repräsentieren. Pretend Play kann demzufolge nicht mit einem Symbolverständnis gleichgesetzt werden. Es zeigt vielmehr die Fähigkeit, gleichzeitig zwei unterschiedliche oder womöglich sogar gegensätzliche Modelle der Wirklichkeit zu vergegenwärtigen. Dies ist für Perner (1991) auch die Erklärung dafür, dass Zweijährige das So-tun-als-ob im Spiel durchaus verstehen, Aufgaben zu falschen Überzeugungen aber nicht bewältigen können.

3.4.7 Die kindliche Erkenntnis des repräsentationalen Charakters der Welt

Um erfolgreich mentalisieren und eine Theory of Mind anwenden zu können, ist das Verständnis des repräsentationalen Charakters der Welt erforderlich. Weiß ein Kind, dass eigene Vorstellungen, aber auch die anderer, repräsentational sind, d. h. nur eine Repräsentation der Welt darstellen und nicht die Welt selbst, so kann es auch verstehen, dass Überzeugungen falsch sein können, weil sie auf einer falschen Repräsentation beruhen. Dadurch kann es seine Vorhersagen bezüglich des eigenen Verhaltens oder des Verhaltens anderer verbessern, weil es seine Kenntnisse über die individuellen Repräsentationen mit einbeziehen kann

Das Konzept der falschen Überzeugungen (*false belief*)

Die Fähigkeit einen falschen Glauben oder eine falsche Überzeugung zu verstehen bildet den eigentlichen Beleg für die Existenz einer Theory of Mind (Wimmer & Perner, 1983). Denn erst durch das Erkennen eines falschen Glaubens oder einer falschen Überzeugung wird deutlich, dass die erlebte Wirklichkeit als Ergebnis eines mentalen Vorgangs begriffen wird, also eine Repräsentation ist. Daher bilden Verfahren, die die Fähigkeit erheben, falsche Überzeugungen zu verstehen, die zentralen Untersuchungsmethoden der Theory of Mind-Forschung. Der erste und mittlerweile klassische Test »Maxi und die Schokolade« stammt von Wimmer und Perner (1983).

> Maxi und die Schokolade
>
> Maxi legt Schokolade in einen grünen Schrank, damit er sie sich später holen kann. Während Maxi auf dem Spielplatz ist, nimmt seine Mutter etwas von der Schokolade für den Kuchen, den Rest legt sie anschließend in einen blauen Schrank. Als Maxi vom Spielplatz zurückkehrt, möchte er die Schokolade essen, seine Mutter ist derweil nicht in der Küche, da sie noch Eier holt.

Kinder wurden befragt, wo Maxi wohl die Schokolade suchen wird. Fast alle Dreijährigen antworteten auf die Testfrage: »Im blauen Schrank« (dort befindet sich die Schokolade tatsächlich). Die Vier- bis Fünfjährigen antworteten aber zu 40 bis 80 Prozent (je nach experimentellem Design) richtig: »Im grünen Schrank« (Perner, 1991, S. 178ff.). Kinder, die diese Testfrage korrekt beantworten konnten, konnten auch weitere korrekte Verhaltensvorhersagen treffen unter Berücksichtigung der falschen Überzeugung des Protagonisten (Sodian et al., 2012). Kinder ab einem Alter von vier bis sechs Jahren sind in der Lage, falsche Überzeugungen bei anderen zu verstehen und aus diesem Verständnis heraus korrekte Handlungsprognosen für den Träger der falschen Überzeugung abzugeben (Wimmer & Perner, 1983).

Jüngere Kinder können nicht nur die falsche Überzeugung einer anderen Person nicht repräsentieren, sie können auch die eigenen falschen Überzeugungen in der jüngsten Vergangenheit nicht verstehen (Gopnik & Astington, 1988), denn sie setzen subjektive Überzeugungen und die Realität gleich.

Für Kinder unter drei Jahren ist es nahezu unmöglich, einen Gegner in einer Konkurrenzsituation zu täuschen, auch wenn ihnen dies im Experiment nahegelegt wird (Sodian, 1994). Dies scheitert nicht daran, dass sie die Konkurrenzsituation grundsätzlich nicht verstehen. Sie sind durchaus motiviert, durch physisches Einwirken ihren Gegner von einem Ziel fernzuhalten, um z. B. die Belohnung für sich selbst zu erhalten. Sie verstehen aber nicht, dass sie durch eine Falschinformation des Gegners einen Vorteil hätten. Dies bestätigen die Ergebnisse der *false belief*-Untersuchungen: Dreijährige können falsche Überzeugungen (noch) nicht verstehen und verstehen daher auch nicht, dass eine falsche Information die Überzeugung anderer und damit auch deren Verhalten beeinflussen kann.

Die Fähigkeit zur räumlichen Perspektivenübernahme

Schließlich sei noch auf die von Flavell et al. (1981) untersuchte Fähigkeit von Kindern zur räumlichen Perspektivenübernahme hingewiesen. Auf der Grundlage ihrer Untersuchungsergebnisse haben sie zwei unterschiedliche aufeinander aufbauende Entwicklungsstadien konzipiert. Im ersten Stadium (Level 1: Perspective Taking; Flavell et al., 1981) wissen Kinder, dass andere Personen den gleichen Gegenstand sehen können wie sie. Sie wissen aber auch, dass andere Personen unter Umständen einen Gegenstand sehen, den sie selbst nicht sehen können oder umgekehrt. Dieses Wissen besitzen schon Dreijährige. Trotzdem verstehen sie noch nicht, dass Menschen einen unterschiedlichen Blickwinkel auf denselben Gegenstand haben können und verschiedene Personen eine unterschiedliche Sichtweise auf ein und denselben Gegenstand haben können. Kinder im Alter von drei Jahren oder jünger können daher nicht verstehen, dass ihr Gegenüber eine Abbildung auf dem Kopf stehend wahrnimmt, wenn sie diese Abbildung richtig herum sehen.

Diesen Sachverhalt verstehen sie erst, wenn sie das nächste Entwicklungsstadium (Level 2: Perspective Taking; Flavell, 1981) ungefähr im Alter von vier Jahren erreicht haben. Nun können Kinder verstehen, dass Objekte unterschiedlich von verschiedenen Personen wahrgenommen werden, auch wenn es sich immer um denselben Gegenstand handelt. Diese Erkenntnis lässt auf ein Verständnis differenzieller Interpretationen der Wirklichkeit schließen und gehört zu den wichtigen Entwicklungsschritten, die Kinder rund um das vierte Lebensjahr vollbringen.

Die Entwicklung des autobiografischen Standpunktes

Mit der Verfügbarkeit des repräsentationalen Wissens bildet sich beim Kind auch das autobiografische Gedächtnis, Fonagy et al. (2006, S. 254) sprechen von der Entwicklung des »autobiographischen Standpunktes«. Dieser setzt die Fähigkeit voraus, multiple Repräsentationen zu vergegenwärtigen und in Beziehung zu setzen. Es werden bisher unverbundene Erinnerungen an Zustände des Selbst organisiert und zu einer kohärenten Selbstrepräsentanz zusammengefügt. Dies ist mit den im Alter von vier Jahren erworbenen Fähigkeiten möglich.

3.4.8 Die kindliche Vorstellung vom menschlichen Geist

Kinder im Vorschulalter sind sich der Tatsache noch nicht bewusst, dass der Geist ein unablässiger Strom von Gedanken ist und geistige Aktivität auch dann stattfindet, wenn sie äußerlich nicht erkennbar ist (Flavell et al., 1993). Die Kinder glauben, dass der Geist »leer« ist bzw. keine mentale Aktivität stattfindet, wenn eine Person keine physische Aktivität unternimmt, also z. B. »nur« wartet. Auch sind sie sich der Unkontrollierbarkeit des Gedankenstromes nicht bewusst und glauben, dass Denken punktuell stattfindet und nicht prozesshaft geschieht. Die Vorstellung einer »inneren Sprache« entwickelt sich erst im Grundschulalter. Kinder im Vorschulalter glauben von anderen Personen nicht, dass sie einen inneren Dialog mit sich selbst führen können und schließen auch für sich selbst »innere Sprache« aus. Ebenso glauben sie nicht, dass Personen gleichzeitig denken und reden können (Flavell et al., 1997).

Ab einem Alter von fünf bis sechs Jahren gebrauchen und verstehen Kinder Metaphern, die z. B. die Natur oder Mechanik betreffen (Wellmann & Hickling, 1994). Für den menschlichen Geist als personifizierte Einheit und damit für die Unterscheidung von Person und Geist haben die Kinder aber noch kein Verständnis.

3.4.9 Repräsentationen höherer Ordnung

Das Verständnis, dass die Wirklichkeit unterschiedlich interpretiert und repräsentiert wird, hilft bei der Zuschreibung und Interpretation mentaler Zustände und unterstützt dadurch die Erklärungs- und Vorhersagekraft sozialer Schlussfolgerungen. Die Zuschreibung und die Interpretation mentaler Zustände beschränken sich aber nicht nur auf Repräsentationen der Realität, sondern beziehen auch die Repräsentationen von mentalen Repräsentationen der Realität ein, z. B. John glaubt, dass Mary glaubt, der Eisverkäufer steht im Park (Perner & Wimmer, 1985). Dies ist sinnvoll, denn soziale Interaktionen beziehen sich zum großen Teil auf diese sog. Überzeugungen zweiter und höherer Ordnung. Perner und Wimmer (1985) haben anhand eines Geschichtenerzählverfahrens das kindliche Verständnis von Überzeugungen zweiter Ordnung systematisch untersucht. Sie kamen zu dem Ergebnis, dass viele Sechsjährige und nahezu alle Sieben- bis Neunjährigen Überzeugungen zweiter Ordnung verstehen.

Das Verständnis komplexer Sprechakte

Theory of Mind-Kompetenzen zweiter Ordnung sind auch erforderlich, um komplexere Sprechakte wie unbeabsichtigte Fehler, Scherze, Ironie, Über- oder Untertreibung oder Schwindel und Täuschung zu verstehen (Leekam, 1991). Auf einem ersten Niveau kann zwischen unbeabsichtigten Fehlern einerseits und absichtlichen Unwahrheiten andererseits unterschieden werden. Dies geschieht über die Orientierung an Intentionen oder Überzeugungen erster Ordnung beim Sprecher. Auf einem höheren Niveau werden auch Unterscheidungen zweiter Ordnung getroffen. Diese basieren wiederum auf der Intention des Sprechers bezüglich der Überzeugungen der Zuhörer. Ein Redner, der das Stilmittel der Ironie anwendet, hat das Ziel, seine Zuhörer wissen zu lassen, dass seine Aussage z.B. sachlich falsch ist. Für das Verständnis komplexer Sprechakte wie Ironie, Witz oder Täuschung und Lüge ist ein Verständnis für mentale Zustände auf unterschiedlichen Komplexitätsniveaus notwendig und damit eine Theory of Mind zweiter Ordnung erforderlich.

Es liegen insgesamt eine Vielzahl von Untersuchungen, besonders im englischsprachigen Raum, zur Entwicklung des kindlichen Verständnisses des Mentalen vor. Kontrovers diskutiert wird, auf welcher Grundlage und wie sich die unterschiedlichen Kompetenzen entwickeln.

3.5 Theorien zur Erklärung der Entwicklung einer Theory of Mind

In der Forschung ist man sich weitgehend einig, dass sich bedeutende Fortschritte in der Entwicklung einer Theory of Mind bei Kindern in bestimmten Altersabschnitten zeigen. Viele Befunde weisen auf ein mit dem Alter zunehmendes Verständnis für geistige Konstruktionen und Interpretationen und der immer ausdifferenzierteren Entwicklung einer Theory of Mind hin. Es existieren aber unterschiedliche Annahmen darüber, wie die einzelnen Kompetenzen erworben werden. Strittig ist, ob sie als Ergebnis festgelegter Reifungsvorgänge auftreten oder sich kontinuierlich unter dem Einfluss sozialer Erfahrungen entwickeln. Dazu haben sich unterschiedliche theoretische Positionen entwickelt.

Im folgenden Abschnitt werden die wichtigsten Theorien zur Entwicklung der Theory of Mind vorgestellt, die in der Fachliteratur rezipiert werden.

3.5.1 Die Theorie-Theorie

In der Theorie-Theorie wird die kognitive Entwicklung von Kindern als ein durch soziale Informationen geförderter Theoriewandel aufgefasst, bei dem sich das frühe psychologische Verständnis, die implizite naive Theorie des Mentalen (Gopnik & Wellman, 1994), zu einem Verständnis mentaler Repräsentationen wandelt (Sodian & Thoermer, 2006; Sodian et al., 2012; Perner, 1991). Die kindliche Theorie des Mentalen und deren Entwicklung weisen, wie eine wissenschaftliche Theorie, ein explanatorisches und prädiktives Potenzial auf. Sie liefert Ursachenerklärungen für Phänomene und verfügt über ein kohärentes begriffliches System. Aber sie ist, wie wissenschaftliche Theorien anfechtbar und durch Falsifikationen oder neue Erkenntnisse einem Wandel unterworfen.

Zunächst entsteht ein nicht repräsentationales »Wissen« im Sinne von Wünschen und Wahrnehmung, welches als eine Art Rahmentheorie dient. Im Alter von drei Jahren verfügen Kinder über eine nicht repräsentationale Vorstellung von Überzeugungen und entwickeln im

Alter von vier Jahren ein repräsentationalen Verständnis des Mentalen (Perner, 1991; Flavell, 1988). Ab diesem Alter verfügen Kinder über das Verständnis falscher Überzeugungen. Dies bedeutet, dass einerseits zwischen wahren und falschen Überzeugungen unterschieden werden kann, andererseits ist das Wissen vorhanden, dass etwas Falsches für wahr gehalten werden kann, weil die Wirklichkeit individuell mental repräsentiert wird (Perner et al., 1987). Die Erkenntnis, dass die subjektive Repräsentation der Realität wiederum die subjektiven Handlungen bestimmt (Perner, 1991), steht ebenfalls zur Verfügung.

Mit Hilfe der ihm zum aktuellen Zeitpunkt zur Verfügung stehenden Theorie erklärt sich dann das Kind sowohl die mentale Verfassung anderer als auch die eigene.

3.5.2 Die Simulationstheorie

Vertreter der Simulationstheorie nehmen an, dass das Verständnis eigener und fremder mentaler Befindlichkeiten auf einem Prozess der Simulation beruht. Diese Ansicht geht auf Descartes Überzeugung zurück, dass Menschen unmittelbaren Zugang zu ihrem eigenen psychischen Geschehen haben (Sodian & Thoermer, 2006). Diesen Zugang nutzen Menschen, so die Simulationstheorie, um mit Hilfe des nicht-begrifflichen Wissens die simulierte Vorstellung, wie sie in einer bestimmten Situation denken und fühlen würden, auf eine andere Person zu übertragen (Harris, 1991).

Harris (1991) führt aus, dass ein fortschreitender immer weiter verfeinerter Prozess der mentalen Simulation Kindern erlaubt Verhaltensvorhersagen und Verhaltenserklärungen zu treffen, die auf theorieähnlichen Konzepten beruhen. Die vorgestellten mentalen Befindlichkeiten – Simulationen – laufen unter dem Einfluss von Voreinstellungen ab. Diese Voreinstellungen setzen sich aus dem aktuellen mentalen Stand des Kindes und dem aktuellen Stand der Welt, soweit das Kind dies beurteilen kann, zusammen.

Harris (1992) erläutert, dass Simulationen umso schwieriger sind, je mehr Voreinstellungen angepasst werden müssen. So müssen z. B.

bei einer falschen Überzeugung zwei Voreinstellungen geändert werden. Der eigene mentale Zustand und der Zustand der Realität müssen ignoriert werden, um die falsche Überzeugung eines anderen korrekt zu simulieren (Sodian & Thoermer, 2006). Fehler bei der Zuschreibung mentaler Zustände durch Simulation basieren häufig auf Fehlern bei der Anpassung der Voreinstellung (Harris, 1991). Die Fähigkeit zur Simulation wird grundsätzlich als angeboren angenommen.

3.5.3 Die Modularitätstheorie

Eine Alternative zu Theorie-Theorie und Simulationstheorie bildet die Annahme von modularen Verarbeitungsprozessen. Leslie (1988, 1994) als Vertreter der Modularitätstheorie postuliert drei Ebenen des Verständnisses von Urheberschaft, die sich nacheinander entwickeln. Im dritten oder vierten Lebensmonat entwickelt sich das Theory of Body-Modul (ToBy; Leslie, 1994, S. 122ff.). Dieses Modul erlaubt es dem Säugling, Urheber und Akteure von Nichtakteuren zu unterscheiden. Dies geschieht über die spontane Bewegungsfähigkeit von Objekten und bezieht sich auf den mechanischen Kontakt oder die raumzeitliche Berührung von Objekten.

Das Modul Theory of Mind Mechanism 1 (ToMM 1; Leslie, 1994, S. 122ff.) entwickelt sich zwischen dem sechsten und achten Lebensmonat. Es bezieht sich auf Akteure, die ein Ziel anvisieren, sich also auf räumlich und zeitlich entfernte Umstände beziehen. Das Modul liefert dem Kind Informationen, z. B. über die sensorischen Reaktionen des Akteurs, als Entscheidungshilfe, ob es sich um einen Akteur oder Urheber handelt. Allerdings kommt dieses Modul noch ohne Informationen über intentionale Einstellungen aus. Es handelt sich um eine rein teleologische Interpretation.

Intentionale Zustände wie Wünschen oder Glauben werden erst im Theory of Mind Mechanism 2 (ToMM 2) berücksichtigt. Dieses Modul entwickelt sich im Laufe des zweiten Lebensjahres.

Die Modularitätstheorie steht in der Tradition des nativistischen Standpunktes. In diesem Sinne führt Leslie (1994) die Entwicklung einer Theory of Mind auf die sukzessive Reifung der drei gerade beschriebenen Module zurück. Soziale Erfahrungen fungieren lediglich als Auslöser der bereits vorprogrammierten Mechanismen (Sodian & Thoermer, 2006).

3.5.4 Kritische Würdigung der bisher erläuterten Theorien

Während die Simulationstheorie davon ausgeht, dass auch bei Schwierigkeiten des Verständnisses mentaler Befindlichkeiten anderer der Zugang zum eigenen mentalen Geschehen auf jeden Fall gegeben ist, nimmt die Theorie-Theorie an, dass sowohl der Zugang zur fremden als auch zur eigenen mentalen Befindlichkeit gleichzeitig erworben wird durch die »begriffliche Erschließung der mentalen Domäne« (Sodian & Thoermer, 2006, S. 567).

Beide Theorien gehen davon aus, dass Kinder im Laufe ihrer Entwicklung entsprechende Konzepte entwickeln. Die Modularitätstheorie geht dagegen von der Annahme reifungsbedingter, vorprogrammierter Prozesse aus.

Die dargestellten Theorien legen ihren Schwerpunkt auf kognitive Erklärungsansätze. Die Bedeutung motivationaler oder emotionaler Prozesse für die Entwicklung des Kindes wird nur wenig beachtet. Wenig Aufmerksamkeit erhält auch der Einfluss der sozialen Umwelt und der Bindungsqualität zwischen Kindern und ihren Bezugspersonen auf die Ausbildung der Theory of Mind.

Die Mentalisierungstheorie der Forschungsgruppe um Peter Fonagy greift dagegen einen sozial-interaktionistischen Ansatz auf (Astington, 1996) und hebt die Bedeutung der frühen emotionalen Beziehungen für die Ausbildung der Mentalisierungsfähigkeit hervor (Fonagy et al., 2006). Die Alteritätstheorie spricht den frühen Beziehungserfahrungen bei der Entwicklung der Schamfähigkeit ebenfalls eine große Relevanz zu. Beide Theorien nehmen für sich die Beteiligung an der Entwicklung des Selbst und der Ausbildung emotional-sozialer Kompetenzen in Anspruch. Daher ist die Mentalisierungstheorie als Bezugsrahmen geeignet, um das Verhältnis von Scham, im alteritätstheoretischen Sinne als Schnittstellenaffekt verstanden, und Mentalisierung zu untersuchen und zu bestimmen.

3.6 Die Mentalisierungstheorie

Die Gruppe um den Analytiker Peter Fonagy hat sich in ihrer Theory of Mind-Forschung für den Begriff der Mentalisierung entschieden und bezeichnet damit die Fähigkeit, die eigene Person und auch andere Personen als Wesen mit geistig-seelischen Zuständen, also mentalen Zuständen, zu sehen. Fonagy et al. (2006) haben unter Einbezug der Kognitionspsychologie, der Bindungstheorie und der Psychoanalyse ein detailliertes Konzept des sukzessiven Erwerbs der Fähigkeit zur Mentalisierung entwickelt. Dabei wenden sie sich von der Überzeugung ab, dass das Gewahrsein der mentalen Urheberschaft des Selbst angeboren ist und postulieren mentale Urheberschaft als eine sich entwickelnde Fähigkeit, die von Bindungs- und Beziehungserfahrungen abhängig ist. Sie vertreten die These,

> »dass eine evolutionäre Aufgabe der frühen Objektbeziehungen darin besteht, den Säugling und das Kleinkind mit einer Umwelt zu versorgen, in der sich das Verstehen fremder und eigener mentaler Zustände voll entfalten kann.« (Fonagy et al., 2006, S. 13).

Die Fähigkeit, Affektzustände zu modulieren und zu regulieren steht für Fonagy et al. (2006) in einem engen Zusammenhang mit der Mentalisierungsfähigkeit, denn diese ist eng verbunden mit der Entwicklung des Selbstgefühls und der Erkenntnis der mentalen Urheberschaft des Selbst. Die folgenden Abschnitte nehmen diese Zusammenhänge in den Fokus.

3.6.1 Die Bedeutung der elterlichen Affektspiegelungen im Mentalisierungskonzept

Während in der kognitiven Psychologie hauptsächlich Wünsche und Überzeugungen im Fokus des Interesses stehen, nehmen Fonagy et al. (2006) Affekte, die sowohl universelle Emotionen als auch subjektive Gefühle umfassen, als mentale Zustände in den Blick. Gefühle dienen der Verhaltenserklärung und -vorhersage und werden aus diesem Grund der eigenen Person oder anderen zugeschrieben. Gefühlen als mentale Zustände unterstellen Fonagy et al. im Sinne Brentanos (1874) Intentionalität, denn sie beziehen sich, wie Wünsche und Überzeugungen, auf einen bestimmten Inhalt oder ein bestimmtes Objekt. Allerdings sind Gefühle aufgrund ihrer mimischen Ausdrucksmöglichkeit häufig einfacher zu erschließen als andere intentionale Zustände und bilden daher die frühesten mentalen Zustände, die Säuglinge sich selbst und anderen zuschreiben.

Der dispositionelle Inhalt der Affekte, so Fonagy et al. (2006), wird Kindern durch die Beobachtung der Affektausdrücke anderer und durch die Verknüpfung der Ausdrücke mit den jeweiligen Situationen und Verhaltenskonsequenzen zugänglich. Zu Beginn des Lebens sorgen die Betreuungspersonen für die Regulation und Kontrolle der Affekte. Mit dem allmählichen Erwerb von sekundären Strukturen innerhalb der Bindungsbeziehung setzt dann die Selbstkontrolle ein. Diese sekundären Strukturen erwerben Kinder durch die Spiegelung ihrer, vorrangig negativen, Affekte durch ihre Eltern bzw. Bindungspersonen. Diese Spiegelungen zeichnen sich durch ihr Markiertheit und ihre referentielle Entkoppelung aus.

Die Markierung und referentielle Entkopplung der elterlichen Affektspiegelungen

Das spiegelnde Verhalten der kindlichen Bindungspersonen, so das Mentalisierungskonzept, ist gekennzeichnet durch übertriebene mimische Reaktionen, die in unterschiedlichen Ausführungen wiederholt werden. An den Säugling gerichtete sprachliche Äußerungen werden überzeichnet artikuliert und sind durch eine langsame und hohe Stimmlage, mit ebenfalls variierenden Wiederholungen, gekennzeichnet. Diese von Dornes (2004b, S. 178) »Ammensprache« genannte Verhaltensweise ist nach Papousek und Papousek (2002) biologisch vorgegeben.

Dieser universellen Tendenz, in der Kommunikation mit Säuglingen übertriebene Ausdrucksmuster zu zeigen, kommt bei der Affektspiegelung eine wichtige Bedeutung zu.

Die mimischen oder vokalisierenden Spiegelungen der Bindungsperson werden durch die Vewendung der Ammensprache »markiert« (Fonagy & Target, 2002a; Fonagy et al., 2006). Der markierte Emotions- bzw. Gefühlsausdruck zeigt aber noch so viel Ähnlichkeit mit dem normativen Emotionsausdruck der Bindungsperson, dass der Säugling den dispositionellen Inhalt der Emotion erkennen kann.

Durch die Markiertheit des gespiegelten Affektausdrucks wird dieser von der Bindungsperson referentiell entkoppelt (Leslie, 1987, 1994) und vom Säugling als Ausdruck des eigenen Selbstzustands aufgenommen. Dies geschieht mit Hilfe des im Säugling verorteten und von Gergely und Watson (1999) entwickelten Kontingenzentdeckungsmoduls. Dieses funktioniert analog zum Biofeedbacktraining, bei dem Körperfunktionen mit technischen bzw. elektronischen Hilfsmitteln zugänglich und damit kontrollierbar gemacht werden.

Die refentiell entkoppelten und markierten Affekspiegelungen verbinden sich mit den primären Affektzuständen des Säulings und »[…] bilden kognitiv zugängliche sekundäre Repräsentationen, die diese primären Affektzustände ausdrücken oder von ihnen ›handeln‹.« (Gergely, 2002, S. 822).

Sekundäre Repräsentanzen

Diese sekundären Repräsentanzen liefern Informationen über das zum Affekt gehörende inhaltliche Spektrum wie situativer Kontext oder zugehörige mögliche Verhaltensreaktionen. Diese Informationen wiederum helfen, den Affektausdruck der eigenen Person oder einer anderen Person zuzuschreiben und ermöglichen so Vorhersagen über das weitere Verhalten. Die sekundären emotionalen Repräsentanzen stehen mit den primären Emotionen in assoziativer Verbindung. Sie werden über entsprechende Schlüssel aktiviert, wenn das Kind sich in einer aktuellen emotionalen Verfassung befindet.

Die sekundären Repräsentanzen fügen sich zusammen zum »generalisierten Kommunikationscode« (Fonagy et al., 2006, S. 209). Dieser ist gekennzeichnet durch referentielle Abkopplung, referentielle Verankerung im Kind und Suspendierung realistischer Konsequenzen (ebd., S. 188). Der generalisierte Kommunikationscode bildet quasi das »Emotionswissen« des Kindes.

Die Entwicklungsfunktionen der Affektspiegelungen

Die elterlichen Affektspiegelungen erfüllen für den Säugling vier Aufgaben, von Fonagy als »Entwicklungsfunktionen« (Fonagy et al., 2006, S. 208) bezeichnet.

Durch die »Sensibilisierungsfunktion« wird der Säugling aufmerksam gegenüber Hinweisen bezüglich seiner inneren Befindlichkeit und ist in der Lage, diese Hinweise entsprechend der dahinterliegenden kategorialen Unterscheidung der dispositionellen Emotionszuständen zu gruppieren. Die »repräsentanzenbildende Funktion« sorgt dafür, dass der Säugling, unterstützt durch die markierten und damit referentiell entkoppelten Spiegelungen, sekundäre Repräsentanzen zu seinen primären und nicht-bewussten Affekten schafft. Nun sind emotionale Zustände kognitiv zugänglich. Die vom Säugling erfahrbare kontingente Kontrolle über die elterlichen Spiegelungen sorgen für ein positives Arousel beim Kind und damit auch für eine Abschwächung des negativen Affekts. Dieser Effekt stellt die »zustandsregulierende Funktion« dar. Schließlich erwirbt das Kind durch die Internalisierung der sekundären Repräsentanzen einen »generalisierten Kommunikationscode« (ebd., S. 209), der einen neuen »›Als-ob‹-Modus des Mentalisierens und Kommunizierens über Affektzustände« ermöglicht.

3.6.2 Die Erfahrungen der psychischen Realität

Für die Mentalisierungsforscherinnen und -forscher beinhaltet die »psychische Realität« subjektive Erfahrungen, die aber durch unbewusste Prozesse beeinflusst werden (Fonagy, 1995) und sich von der materiellen, äußeren Realität unterscheiden. Die innere Realität ist das Ergebnis einer prozesshaften Entwicklung, denn in den frühen Beziehungen lernen Säuglinge und Kleinkinder erst allmählich, eigene und fremde mentale Zustände zu verstehen. Innere Erfahrung ist also keine selbstverständliche Gegebenheit, sondern entwickelt sich in den Objektbeziehungen. Kinder bis zu einem Alter von vier Jahren nehmen die Realität auf zwei unterschiedliche Arten wahr und gehen damit auch entsprechend unterschiedlich um. Die Integration der beiden Wahrnehmungsmodi geschieht im Alter von etwa fünf Jahren. Sie gelingt innerhalb des Entwicklungsprozesses der Mentalisierungsfähigkeit und mündet in einem reflektierenden Modus der psychischen Realität.

Der Modus der psychischen Äquivalenz

Kleine Kinder, die noch nicht über das Wissen verfügen, dass Gedanken einen repräsentationalen Charakter haben, können noch nicht aus der Distanz über Gedanken und Gefühle nachdenken. Für sie entsprechen Gedanken und Überzeugungen exakt der äußeren Welt. Allerdings, so Fonagy et al. (2006), neigen kleine Kinder eher dazu, ihre Überzeugungen der Welt anzupassen als umgekehrt, denn die kindlichen Gedanken scheinen »sehr fragil und flüchtig zu sein« (ebd. S. 266). Damit ist nicht gemeint, dass die Kinder Gedanken und Wirklichkeit verwechseln. Aber die kindlichen Gedanken können hinsichtlich ihrer Auswirkungen auf das Kind Ereignissen in der äußeren Realität entsprechen, z.B. ängstigt sie die Vorstellung eines Krokodils unter ihrem Bett gleichermaßen wie ein reales Krokodil (Dornes, 2006, S. 184).

Fonagy et al. (2006, S. 65) bezeichnen diese Gleichsetzung von innerer und äußerer Realität als den »Modus der psychischen Äquivalenz«.

Der Als-Ob-Modus

Im Als-Ob-Modus wird die Realität durch das Kind quasi suspendiert. Das Kind sucht sich für sein Spiel zwar Themen aus seinem Alltag, die es dann nachstellt und modifiziert, das Spiel selbst wird aber vollständig von der Realität abgekoppelt (Dornes, 2004a). Das Kind weiß in diesem Moment, dass sein inneres Erleben nicht identisch mit der Realität ist, aber es nimmt an, dass beide keinerlei Beziehung zueinander haben. Die Fähigkeit, im Spiel über innere Zustände und Überzeugungen nachdenken zu können, kann der übrigen Entwicklung vorausgehen, gerade weil das Spiel von der äußeren Realität abgetrennt ist und »das Wissen um das Einwirken der Realität auf das Denken vermieden werden kann« (Fonagy et al., 2006, S. 268).

Die Integration der beiden Erlebensmodi

Im Alter von vier bis fünf Jahren werden die beiden Erfahrungsmodi integriert und münden beim Kind in einen reflektierenden Modus der psychischen Realität (Gopnik, 1993).

Insbesondere die liebevolle Zuwendung der Bezugspersonen, in gewissem Ausmaß auch die älterer Geschwister, ist dabei von entscheidender Bedeutung.

Für eine gelingende Integration der beiden Modi ist es erforderlich, dass das Kind Gelegenheit hat, seine eigene momentane mentale Befindlichkeit wahrzunehmen und diese in einem Objekt repräsentiert zu erleben. Gleichzeitig benötigt es die Erfahrung eines Rahmens, der ihm die an der äußeren Realität orientierte Perspektive des Objekts aufzeigt. Das Kind braucht also einen Erwachsenen, oder ein älteres Geschwister, welches sich am kindlichen Als-ob-Spiel beteiligt und die im Spiel aktuelle mentale Befindlichkeit oder Fantasie des Kindes repräsentiert. Diese Repräsentation nimmt das Kind wiederum auf und nutzt sie als »Repräsentanz seines eigenen Denkens« (Fonagy et al., 2006, S. 271). Das Kind kann erfahren, dass seine Gedanken oder Wünsche zwar »nicht wirklich«, aber dennoch in der äußeren Realität, z.B. in der Mutter, wahrnehmbar sind.

Im Alter von anderthalb bis vier Jahren übernimmt diese Art der elterlichen Beteiligung am kindlichen Spiel die Funktion, die die Affektspiegelung im ersten Lebensjahr erfüllte (Dornes, 2004b). Die elterliche Repräsentation des kindlichen mentalen Zustands muss so klar sein, dass das Kind sie als solche erkennen kann, gleichzeitig aber auch so spielerisch, dass das Kind vom Realitätsgehalt nicht überfordert wird. Gelingt dieser Prozess, so kann das Kind die Repräsentation seiner eigenen inneren Befindlichkeit als Basis für das eigene symbolische Denken nutzen (Fonagy et al., 2006).

Das Kind lernt, innere und äußere Realität zu akzeptieren, ohne dass es sein Ich aufspalten muss, um die dualen Denkmodi zu erhalten. Es kann nun verstehen, dass das eigene Verhalten und das anderer durch mentale Zustände erklärt werden kann. Ein Verständnis des repräsentationalen Charakters mentaler Zustände ermöglicht ihm dann auch die Erkenntnis, dass mentale Zustände möglicherweise unzutreffend sind oder sich verändern, weil sie nur auf einer von mehreren möglichen Perspektiven beruhen. Nun ist das Kind in der Lage, das Problem falscher Überzeugungen zu verstehen.

3.6.3 Die regulative Kraft des Spiels

Neben dem elterlichen Als-ob-Umgang mit den kindlichen Affekten und dem Gefühl des Kindes, Kontrolle auszuüben ist im Spiel noch eine weitere Besonderheit für seine »regulative Kraft« (Dornes, 2004b, S. 185) verantwortlich. Im Spiel kann das Kind das Geschehen aktiv beeinflussen und nach seinen Bedürfnissen und Wünschen modifizieren und die Affekte sind im Als-Ob-Modus abgeschwächt. Fantasierte Szenen können z. B. mit Hilfe von Bildern oder Sprache kontrolliert und schließlich auch aktiv gestaltet und modifiziert werden. Daraus ergibt sich ein enger Zusammenhang zwischen Affektspiegelung, Spiel und auch der kindlichen Fantasie.

3.6.4 Die Entwicklung des Selbst aus Sicht der Mentalisierungstheorie

Die Mentalisierungstheorie bezieht sich auf das von James (1890) konzipierte »I«, auch als das »subjektive Selbst« (Fonagy et al., 2006) bezeichnet. Dieses subjektive Selbst ist für die Konstruktion des »Me«, des Selbst als Objekt – das empirische Selbst – verantwortlich. In der Mentalisierungstheorie wird das subjektive Selbst als ein »Selbst als mentaler Akteur« (Fonagy et al., 2006, S. 211) konzipiert, welches das Produkt eines sehr komplexen Entwicklungsprozesses ist.

Affektspiegelung, Spiel und Fantasie sind an der Entwicklung des Selbst beteiligt. Sie bieten dem Kind innerhalb der sozialen Interaktionen mit den Bezugspersonen eine externe Darstellung seiner eigenen Befindlichkeit. Diese wird vom Kind verinnerlicht und eine Verknüpfung zwischen den so erworbenen Inhalten der Selbstrepräsentanz und den primären Selbstzuständen, die dadurch »gedacht« werden können, entsteht. Diese Verknüpfung ermöglicht eine bewusste Bearbeitung bzw. eine Korrektur der Selbstzustände. Fehlt diese Möglichkeit, so bleibt u. U. nur eine biologische Korrektur der Selbstzustände durch Medikamente (Dornes, 2004b) für das Subjekt übrig.

Unter dem Blickwinkel der zunehmenden Mentalisierungsfähigkeit durchläuft das subjektive Selbst eine fünfstufige Entwicklung vom physikalischen Selbst zum Selbst als repräsentationaler Akteur.

Das physikalische Selbst

Zu Beginn des Lebens geht es darum, das Selbst als von anderen Körpern abgegrenzt zu erleben (Dornes, 2004b).

Dieses Selbst generiert Aktionen, die Veränderungen in der angrenzenden Umwelt veranlassen (Leslie, 1994). Um ein Bewusstsein für diese physische Urheberschaft des Selbst zu entwickeln, ist eine Differenzierung zwischen Stimuli, die zum Selbst und Stimuli, die zur Umwelt gehören, erforderlich (Fonagy et al., 2006). Dabei hilft Kindern das von Gergely und Watson (1999) konzipierte Kontingenzentdeckungsmodul. Dieses funktioniert ähnlich wie ein Biofeedbacktraining, bei dem die Veränderung innerer Zustände anhand von äußeren Hinweisreizen beobachtet werden kann, und sorgt für eine Sensibilisierung für den inneren Zustand. Beim Einsatz dieses Moduls bevorzugen Kinder bis zum Alter von drei Monaten perfekte Kontingenzen. Diese helfen ihnen bei der Selbstentdeckung und Selbstorientierung (Bahrick & Watson, 1985) und der damit verbundenen Repräsentation des Körperselbst als differenziertes Objekt im Raum.

Das Selbst als sozialer Akteur

Etwa ab dem dritten Lebensmonat rufen nicht mehr perfekte, sondern imperfekte aber hohe Kontingenzgrade (Watson, 1994) das Interesse der Kinder hervor. Diese Kontingenzgrade sind typisch für Interaktionen zwischen Kindern und ihren Bindungspersonen. Soziale Interaktionen bieten den Kindern dabei Gelegenheit, ihre Sensibilität für den eigenen ursächlichen Einfluss auf Objekte, die sich in einer gewissen Entfernung von ihnen befinden, zu üben und anzuwenden. Es entwickelt sich ein Verständnis als »sozialer Akteur« (Fonagy et al., 2006, S. 216).

Als soziale Akteure wenden Kinder ihre Aufmerksamkeit von der Selbstexploration hin zur Exploration der Umwelt.

Das Verständnis des Selbst und Anderer als teleologische Akteure

Im Alter von etwa neun Monaten treten eine Reihe neuer Verhaltensweisen wie Blickverfolgung, soziale Rückversicherung oder protodeklarative und – imperative Gesten auf. Diese werden unter dem Begriff »sozio-kognitive Neunmonatsrevolution«[14] (Tomasello, 2002) subsummiert. Unter dem Blickwinkel der Mentalisierungstheorie erreichen Säuglinge in diesem Alter eine neue Ebene des Verständnisses von Handlungen und zielgerichteten Aktionen (Fonagy et al., 2006). Das kindliche Verständnis von Verhalten geht nun unter einem »teleologischen Blickwinkel« vonstatten. Säuglinge zeigen zielgerichtete

---

14 Siehe dazu Kapitel 3.4.3.

Verhaltensweisen und koordinieren Mittel und Zweck (Taubner, 2018) und erkennen diese Verhaltensweisen auch bei anderen. Die kindlichen Interpretationen zielgerichteten Handelns sind in dieser Phase realitätsfundiert, weisen aber noch kein Verständnis von intentionalen mentalen Zuständen auf. Das Kind unterstellt keine vorgängigen Wünsche oder Überzeugungen und bleibt zunächst ein teleologischer Akteur (Csibra & Gergely, 1998).

Das Verständnis des Selbst und Anderer als intentionaler mentaler Akteur

Etwa ab einem Alter von zwei Jahren wird die teleologische Haltung des Kindes erweitert zur mentalistischen Einstellung (Gergely & Csibra, 1997). Damit steht ein größerer Interpretationsspielraum zur Verfügung, wenn teleologische Erklärungen nicht ausreichen oder mit der Realität nicht übereinstimmen. In diesem Transformationsprozess von der teleologischen zur mentalisierenden Interpretation entwickeln sich im Kind die Repräsentationen aktueller realistischer Bedingungen zu Überzeugungen (beliefs) und Repräsentationen zukünftiger Zielzustände verwandeln sich in Wünsche (desires) (Gergely & Csibra, 1997).

Kinder sind durch eine mentalisierende Interpretation in der Lage, die Aktionen anderer zu beeinflussen, indem sie die wahrgenommenen zugrunde liegenden mentalen Befindlichkeiten beeinflussen.

Neben der Verhaltensvorhersage und -interpretation wird auch das kindliche Selbstverständnis durch die neu erworbenen Fähigkeiten beeinflusst. Das Kind schreibt durch die intentionale Art, in der ihm andere wiederholt begegnen, auch sich selbst generalisierte intentionale Eigenschaften zu und erklärt sich damit das Verhalten der Interaktionspartner ihm gegenüber. Auf diese Weise entsteht das James'sche »Me« (James, 1984 [1892]), das empirische Selbst.

Das Verständnis des Selbst und Anderer als repräsentationaler Akteur

Während Fonagy et al. (2006) für die vorhergehende Stufe der Selbstentwicklung eine »naive Theorie des Mentalen« (Fodor, 1992; Leslie, 1987, 1994) postulieren, erreichen Kinder etwa im Alter von vier

Jahren eine »reife Theorie des Mentalen« (Fonagy et al., 2006, S. 249). Nun verstehen sie ihr eigenes Selbst und das anderer als repräsentationale Akteure und ihr bisheriges mentalistisches Weltbild wandelt sich in ein repräsentationales. Kinder wissen nun, dass intentionale mentale Zustände Repräsentationen über Sachverhalte sind. Dieses Wissen bildet die Voraussetzung für die Erkenntnis, dass Aktionen und Handlungen durch die Repräsentation der Realität und nicht die Realität selbst verursacht werden. Damit besitzen Kinder nun auch die Fähigkeit, falsche Überzeugungen zu verstehen.

Ab etwa dem vierten Lebensjahr bildet sich das autobiografische Gedächtnis, oder wie Fonagy et al. (2006) es nennen, der »autobiografische Standpunkt« (ebd., S. 254)[15]. Bisher unverbundene Erinnerungen an Zustände des Selbst werden organisiert und zu einer kohärenten Selbstrepräsentanz zusammengefügt. Searle (1991) bezeichnet die »kausale Selbstbezüglichkeit« als wichtigste Bedingung für die Ausbildung des autobiografischen Selbst. Verfügen Kinder über eine kausale Selbstbezüglichkeit, so wissen sie nicht nur, dass sie über die Repräsentanz eines bestimmten Ereignisses verfügen, sondern wissen auch, dass ihre Erinnerung durch das dazugehörige Ereignis entsteht. Sie verfügen also über ein »Gedächtnis für die kausale Wissensquelle« (Fonagy et al., 2006, S. 251).

Die Entwicklung einer reifen Theorie des Mentalen geschieht unter dem Einfluss der im Kapitel 3.6.2 beschriebenen Integration von Als-Ob- und Äquivalenzmodus des psychischen Erlebens.

3.6.5 Die Bedeutung der Bindung für die Mentalisierungsfähigkeit

Aus Sicht der Mentalisierungsforschung wird die Fähigkeit, sich mentale Zustände im eigenen Selbst und in anderen Menschen vorstellen zu können im Kontext der frühen Bindung erworben (Fonagy et al., 2006). Die Bindungsqualität und die Qualität der Mentalisierungsfähigkeit der Bezugsperson beeinflussen die sich entwickelnde Men-

15 Siehe auch Kap 3.4.7 »Die Entwicklung des autobiografischen Standpunktes«, S. 88.

talisierungsfähigkeit des Kindes. Dieser Zusammenhang konnte durch eine Reihe von Untersuchungen belegt werden. So konnten Meins et al. (1998) in ihrer Langzeitstudie feststellen, dass sicher gebundene Kleinkinder im Alter von vier Jahren eine Aufgabe zur falschen Überzeugung zu 83 Prozent lösen konnten. Bei unsicher gebundenen Kleinkindern schafften dies im Alter von vier Jahren dagegen nur 33 Prozent.

Kinder, die mit zwölf Monaten eine sichere Bindung an ihre Mutter aufwiesen, wurden in einer weiteren Studie (Fonagy et al., 1997) mit einer Überzeugung-Wunsch-Reflexionsaufgabe konfrontiert. 82 Prozent der Kinder konnten vorhersagen, was eine Person in einer bestimmten Situation empfindet, deren Überzeugung sie kannten. 46 Prozent der Kinder, die im Alter von zwölf Monaten eine unsichere Bindung an die Mutter aufwiesen, konnten diese Aufgabe nicht bewältigen.

Für diese Befunde lassen sich zwei mögliche Erklärungsmodelle finden. Entweder sorgt eine sichere Bindung dafür, dass Kinder von sozialen Prozessen profitieren können, die die Fähigkeit zur Mentalisierung fördern oder es finden spezielle soziale Prozesse statt, die sowohl eine sichere Bindung als auch die Mentalisierungsfähigkeit fördern und gewährleisten. Im letzteren Fall wäre die sichere Bindung ein Indikator für eine entsprechende Beziehungsqualität.

Weitere Komponenten, die diese Prozesse beeinflussen, sind das Verhalten im Als-ob-Spiel auch als Pretend Play bezeichnet, das Sprechen über Gefühle und die Interaktionen mit Peergroups (Fonagy et al., 2006).

Die Bedeutung der Bindung für das kindliche Als-Ob-Spiel

Beim Als-ob-Spiel werden Repräsentationen, die gerade nicht der Realität entsprechen, von mehreren Kindern und evtl. beteiligten Erwachsenen geteilt. Dies bereitet das Verständnis vor, dass es auch zwischen Individuen unterschiedliche Repräsentationen über die Realität geben kann (Fonagy et al., 2006). Die Funktion der Betreuungsperson beim Als-ob-Spiel besteht u. a. darin, die Verbindung zur äußeren Realität aufrechtzuerhalten, daher ist anzunehmen, dass Kinder, die sicher gebunden sind, sich bereitwilliger und vertrauensvoller auf Als-ob-Spiele einlassen, die ihnen dann wiederum Gelegenheit bieten, spielerisch das Verstehen mentaler Zustände zu üben.

Die Bedeutung von Bindung und Sprache beim Erwerb der Mentalisierungsfähigkeit

Für die Fähigkeit, Gedanken oder Gefühle anderer »lesen« und reflektieren zu können, ist es wesentlich, symbolische Begriffe für mentale Befindlichkeiten zu kennen und anwenden zu können (Smith, 1996). Diese erwerben Kinder in Gesprächen mit Eltern und später auch in den Interaktionen mit Peergroups. Beim Informationsaustausch in Gesprächen haben Kinder außerdem die Gelegenheit, festzustellen, dass die Teilnehmer über unterschiedliche Informations- und Wissensbestände verfügen (Dunn, 1996) und damit auch über unterschiedliche Repräsentationen zu bestimmten Zusammenhängen. Eine sichere Bindung bietet eine unbelastete, offene Kommunikation und damit Gelegenheit, die für die Mentalisierung wesentlichen kommunikativen Kompetenzen zu erwerben und zu üben.

3.6.6 Epistemisches Vertrauen

Aktuelle Forschungen der Mentalisierungstheorie weisen darauf hin, dass eine enge Verbindung zwischen der Fähigkeit zu Mentalisieren und der Ausbildung von epistemischem Vertrauen besteht (Ramberg & Nolte, 2020). Mit epistemischem Vertrauen wird ein Prozess der Wissensweitergabe beschrieben, der durch das Vertrauen in die Informationsquelle geprägt ist.

Die Entwicklung von epistemischem Vertrauen gilt als Lösung für die evolutionäre Anforderung, die Weitergabe von kulturellem und sozialem Wissen den immer komplexeren Stufen des sozialen Miteinanders anzupassen und für dieses Wissen einen effizienten Transfer zu gewährleisten. In der evolutionären Entwicklung mussten

Menschen mit immer komplexeren Bedingungen und auch zunehmender Konkurrenz zurechtkommen. Eine rein genetische Weitergabe des sozialen Wissens bot hierfür nur unzureichende Flexibilität.

Epistemisches Vertrauen ermöglicht soziales Lernen, auch unter der Bedingung permanenter Veränderung des Umweltkontextes (Fonagy et al., 2015) und garantiert die transgenerationelle Weitergabe von kulturellem Wissen. Für diesen Wissenstransfer ist das kindliche Vertrauen in die Wissensquelle erforderlich. Dieses Vertrauen entsteht, ebenso wie die Mentalisierungsfähigkeit, in der sicheren Bindungsbeziehung (Fonagy & Campbell, 2017).

Epistemische Wachsamkeit

Allerdings ist neben dem Bedürfnis nach epistemischem Vertrauen auch die epistemische Wachsamkeit als Schutzfunktion evolutionär angelegt. Diese Wachsamkeit schützt das Individuum vor absichtlicher oder unabsichtlicher Falschinformationen und deren mögliche Folgen und drückt sich in einer vorsichtigen und sorgfältigen Beurteilung der angebotenen Wissenszustände aus. Damit diese Wachsamkeit nicht den erforderlichen Wissenserwerb und den Wissenstransfer stört oder sogar verhindert, wurde im Laufe der Evolution eine spezifische Kommunikationsweise entwickelt (Csibra & Gergely, 2009), die trotz der epistemischen Wachsamkeit den transgenerationellen Wissenstransfer ermöglicht. Dabei geht es insbesondere um Wissensbestände, die nicht offensichtlich und auch nicht selbsterklärend sind, wie z. B. der Gebrauch komplizierter Werkzeuge oder auch die menschliche Symbolisierungsfähigkeit und Symbolisierungsaktivität. (Fonagy et al., 2006). Csibra und Gergely (2009, 2011) haben in ihrer »Theorie der natürlichen Pädagogik« eine humanspezifische Empfänglichkeit für bestimmte Hinweise, »nonverbale, ostentative Signale« (Fonagy & Campbell, 2017, S. 291) konzipiert, die die epistemische Wachsamkeit herabsetzen.

Die Rolle ostensiver Signale

Zu diesen Signalen zählen der Blickkontakt zwischen Kind und Bindungsperson, wechselseitige kontingente Reaktionen zwischen beiden und die Modulation der Intonation durch die Bindungsperson während der Kommunikation. Letztere ist ebenfalls für die referenzielle Entkoppelung der von der Bindungsperson vorgenommenen Spiegelungen der kindlichen Affekte verantwortlich. Durch die als Stimuli wirkenden Signale werden die kindliche Aufmerksamkeit und die Aufnahmewahrscheinlichkeit gesteigert und dem Kind wird angezeigt, dass im Folgenden wichtige Informationen vermittelt werden, die generischen Wert haben. D.h. durch die zunächst in der primären Bindungsbeziehung durch ostentative Hinweise hergestellte »pädagogische Situation« wird das Kind in einen »Zustand der Lernbereitschaft« (Fonagy & Campbell, 2017, S. 291) versetzt und übernimmt die angebotenen kulturellen Informationen. Das Kind verallgemeinert dieses Wissen und wendet es in anderen Kontexten ebenfalls an. Außerdem fühlt sich das Kind durch die persönliche Adressierung als mentaler und intentionaler Akteur wahrgenommen und wird damit in seiner mentalisierenden Haltung bestärkt. Das Gefühl, als mentalisierendes Wesen wahrgenommen zu werden, stärkt wiederum das epistemische Vertrauen in die sichere Bindung bietende Betreuungsperson als vertrauensvolle Informationsquelle. Die Erfahrung, sicher gebunden zu sein trägt zum Nachlassen der epistemischen Wachsamkeit bei.

Epistemisches Vertrauen und Mentalisierung

Neben kulturellen Inhalten gehört zu den vermittelten Wissensinhalten auch die Haltung, sowohl der eigenen inneren Realität als auch der anderer mentalisierend zu begegnen. Nolte bezeichnet dies als »Versubjektivierung mentaler Befindlichkeiten« (2018, S. 160). Mentalisierungsfähigkeit wird durch epistemisches Vertrauen und den darauf basierenden Wissenstransfer gestärkt und kann gleichzeitig Inhalt der Kommunikation sein. Die Fähigkeit zu Mentalisieren kann wiederum innerhalb des sozialen Lernens notwendige Modifikationen des

Wissens fördern und unterstützen, denn durch die Fähigkeit zu Mentalisieren stehen dem Individuum vielfältigere Informationen zur Verfügung. Epistemisches Vertrauen und die Fähigkeit zu Mentalisieren tragen beide zur flexiblen und reziproken Gestaltung sozialer Beziehungen bei (Nolte, 2018).

Empirische Befunde zum Ausmaß des Zusammenhangs von Bindung, Mentalisierung und epistemischen Vertrauen einerseits und dadurch sich öffnende Entwicklungspfade andererseits stehen momentan noch aus.

3.6.7 Störungen bei der Entwicklung der Mentalisierungsfähigkeit

Die mentalisierungsfördernde Qualität der frühen Beziehungen ist wie oben beschrieben abhängig von den Voraussetzungen über die die Bezugspersonen des Kindes verfügen. Dysfunktionale Bindungsumwelten können eine verzögerte oder eingeschränkte Entwicklung der Mentalisierungsfähigkeit zur Folge haben. Dabei sind unterschiedliche Entwicklungslinien denkbar, die an dieser Stelle vorgestellt werden.

Das Misslingen der elterlichen Spiegelungen

Das von der Mentalisierungsforschung entwickelte Spiegelungsmodell sieht vor, dass ein markierter und kongruenter Umgang mit den frühkindlichen Affekten dem Kind die Möglichkeit bietet, ein Bild seiner selbst und der eigenen emotionalen Zustände aufzubauen. Kommt es zu unpassenden Reaktionen der Bezugspersonen auf die Affektausdrücke des Kindes, so internalisiert es auch dieses Bild seiner selbst. Es sind zwei Arten von unpassenden Affektspiegelungen möglich, die die Entwicklung des Kindes beeinträchtigen können.

Fehlende Markierung der Affektspiegelung

Bezugspersonen, die sich aufgrund eigener Emotionsregulationsprobleme von den negativen Äußerungen ihrer Kinder überwältigt fühlen, spiegeln die Affekte der Kinder zwar kategorial richtig, allerdings werden sie nicht entsprechend markiert und damit fehlt ihnen die Als-ob-Qualität. Sie zeigen im Gegenteil den Affekt auf realistische Art und Weise. Fonagy et al. (2006) schildern, dass in diesem Fall der Affektausdruck vom Kind nicht als sekundäre Repräsentanz seiner ursprünglichen emotionalen Befindlichkeit gespeichert werden kann. Das Kind etabliert keinen generalisierten Code, es konstruiert kein Emotionswissen und die mentale Befindlichkeit bleibt ihm kognitiv unzugänglich. Affekte können als Folge nur eingeschränkt reguliert werden. Sie können auch nicht verbal artikuliert werden. Markierungen als Signal für Entkoppelungen von der Realität bleiben dem Kind fremd und es kann keine sichere Unterscheidung zwischen Als-ob und äußerer Realität treffen.

Fehlende kategoriale Kongruenz der Affektspiegelung

Bindungspersonen, die aufgrund eigener traumatischer Erfahrungen keinen Zugang zu bestimmten Gefühlen haben, können die kindlichen Affekte verzerrt wahrnehmen. In diesem Fall werden die kindlichen Affekte zwar von der Bindungsperson markiert, aber sie werden kategorial verzerrt gespiegelt. Als Folge wird der Affektausdruck im Kind zwar referentiell verankert, allerdings entsteht dabei eine unpassende sekundäre Repräsentanz. Das Kind wird seinen ursprünglichen emotionalen Zustand mit einer falschen Information verknüpfen. Fonagy et al. (2006) stellen in diesem Zusammenhang eine Verbindung zu Winnicotts (1974 [1960]) Konzept vom falschen Selbst her. Die Selbstwahrnehmung des Kindes wird durch die Gefühle und Befindlichkeiten anderer bestimmt. Möglicherweise ist das Kind existenziell abhängig von der körperlichen Anwesenheit einer anderen Person, weil es die eigene Intentionalität immer im Anderen suchen muss.

Die unabgeschlossene Selbstentwicklung

Unter ungünstigen Entwicklungsbedingungen, z. B. in einer dysfunktionalen Bindungsbeziehung, wird das Verständnis des Selbst und anderer als teleologische Akteure nicht überwunden. In diesem Fall ist die Entwicklung eines repräsentationalen bzw. autobiografischen

Selbst gestört. Auch die Fremdwahrnehmung kann betroffen sein und findet dann im teleologischen Modus statt. Mit Fonagy et al. (2006) kann vermutet werden, dass es zu einem Vorherrschen »teleologischer Konstruktionen sozialer Realität« kommt, wenn angemessene sekundäre Repräsentanzen mentaler Befindlichkeiten nicht zuverlässig zur Verfügung stehen. Als Interpretationshilfe für zwischenmenschliche Kommunikation oder Begegnungen ist eine überdauernde teleologische Haltung nicht geeignet. Sie hilft nur in den Fällen, in denen die mentalen Repräsentationen der Beteiligten eine originalgetreue Kopie der kausalen Aspekte der Realität bilden (Fonagy et al., 2006, S. 239). Auch bei Als-ob-Aktionen und Handlungen die auf falschen Überzeugungen beruhen, kann die teleologische Haltung keine geeignete Interpretation generieren.

Auswirkungen traumatischer Erfahrungen auf die Entwicklung der Mentalisierungsfähigkeit

Traumatische Erfahrungen mit den Bezugspersonen in der frühen Kindheit können zu einem dysfunktionalen Verständnis mentaler Zustände bezüglich des eigenen Selbst und anderer führen. In einer Bindungsumwelt, die charakterisiert ist durch Vernachlässigung, Misshandlung oder Missbrauch, ist davon auszugehen, dass Kindern die förderlichen Entwicklungsbedingungen, wie z.B. angemessene Spiegelungen fehlen, um angemessene sekundäre Repräsentationen der primären Selbstzustände zu bilden. Es fehlen ihnen Mentalisierungskompetenzen, mit deren Hilfe sie sich selbst und andere als intentionale Wesen begreifen und dementsprechend agieren können.

Defensive Hemmung

Fonagy et al. (2006) folgern, dass Kinder unter solchen Bedingungen eine defensive Hemmung (ebd., S. 348) entwickeln können, die sich auf die Intentionen der Betreuungsperson bezieht. Diese werden vom Kind nicht mentalisiert, da das Ergebnis zu bedrohlich oder schmerzhaft sein könnte. Dies kann letztendlich zu einer allgemeinen Beeinträchtigung der Aufmerksamkeitsprozesse führen, die zum »Lesen« der relevanten behavioralen und situativen Hinweise notwendig sind und dem Kind helfen, den mentalen Zustand des Anderen zu erschließen.

Kommt es beim Kind zur Internalisierung der feindseligen Repräsentationen die es beim Gegenüber wahrnimmt, so kann es aus einer defensiven Absicht heraus zum Versuch kommen, den internalisierten, feindseligen Fremden in seiner Selbststruktur auf ein äußeres Objekt zu projizieren und sich dadurch zu entlasten.

Fehlende Integration der Erlebensmodi der psychischen Realität

Sind die Entwicklungsbedingungen dysfunktional oder traumatisierend schlägt womöglich die Integration von Als-ob-Modus und Modus der psychischen Äquivalenz fehl. Damit fehlen dem Kind und späteren Erwachsenen die mit dieser Integration zusammenhängenden Kompetenzen. Innere und äußere Realität werden in dualen Denkmodi erhalten und das symbolische Denken wird erschwert. Verhalten kann nicht durch mentale Zustände erklärt werden und der repräsentationale Charakter mentaler Zustände bleibt unbekannt.

3.6.8 Zusammenfassung

Die Mentalisierungstheorie stellt ein Modell zur Verfügung, mit dem der Erwerb einer Theorie des Mentalen als Produkt des intersubjektiven Austausches zwischen Kind und Bezugsperson erklärt wird (Fonagy et al., 2006). Im optimalen Fall verfügt die Betreuungsperson über ein Ausmaß an Mentalisierungsfähigkeit, welches ihr erlaubt, das Kind vom Beginn seines Lebens an als ein mentales Wesen zu betrachten und zu behandeln. Dies zeigt sich in den angemessen markierten und referentiell entkoppelten Affektspiegelungen, die unspektakulär in vielen Alltagshandlungen stattfinden. Deutlich wird dies im Verhalten und den Äußerungen der Bezugsperson im gemeinsamen Als-ob-Spiel oder in Gesprächen.

Die mentalisierungsfähige Bezugsperson nimmt die Intentionen hinter den Handlungen des Kindes von Geburt an wahr, lässt diese

Wahrnehmung in die Interaktion mit dem Kind einfließen und gibt den kindlichen Intentionen damit Bedeutung. Dieses Verhalten führt beim Kind zur Entstehung des Gefühls der Selbst-Urheberschaft. Denn mit der Wahrnehmung und Anerkennung der Intentionalität der kindlichen Handlungen durch die Bezugsperson, stellt sich für das Kind der Zusammenhang zwischen Intention und Handlung her. Das Kind wiederum kann bei einer hinreichend mentalisierungsfähigen Bezugsperson eine sichere Bindung eingehen und gefahrlos deren Innenleben explorieren. Es kann der Bezugsperson mentale Zustände zuschreiben, um deren Verhalten zu erklären. Und es kann im Innern der Bezugsperson einer mentalisierten Version seiner selbst begegnen und diese Version für die Organisation des eigenen Selbst verwenden.

3.6.9 Die Bedeutung des Mentalisierungskonzepts für die Pädagogik

Ausgehend davon, dass psychische Strukturen den Sinn manifester Formen von Erleben, Denken und Handeln bestimmen, kann das Entwicklungsmodell der Mentalisierungsfähigkeit der Pädagogik Kenntnisse über die jeweilige psychische Struktur und damit über den latenten Sinn von manifestem Verhalten liefern und den Zugang zu einer subjektorientierten Perspektive schaffen. Es können Zusammenhänge zwischen der Subjektperspektive und dem situativen Kontext hergestellt werden. Im pädagogischen Kontext helfen Kenntnisse über das psychische Strukturniveau der Mentalisierungsfähigkeit, das Verhalten zu verstehen und den weiteren Arbeitsprozess mit Kindern und Jugendlichen zu planen (Datler, 2001). Als Handlungsrahmen kann das Mentalisierungskonzept zur Professionalisierung von Pädgagogen beitragen.

Ausgehend von der besonderen Bedeutung der Schamfähigkeit und der Abwehr von Scham in pädagogischen Handlungsfeldern, vor dem Hintergrund einer starken Präsenz von Schamgelegenheiten in der Institution Schule, verdient der Affekt der Scham in der Mentalisierungstheorie mehr Aufmerksamkeit. Scham und deren Abwehr als latente Sinnstruktur hinter beobachtbaren Phänomenen sollten in pädagogischen Kontexten immer mitbedacht werden. Hier setzt die vorliegende Arbeit an und nimmt im folgenden Kapitel eine genaue Analyse des Verhältnisses von Scham und Mentalisierungsfähigkeit vor.

4. Das Verhältnis von Scham und Mentalisierung und die Bedeutung von Abwehrmechanismen

Im vorliegenden Kapitel wird der bereits eröffnete Zusammenhang zwischen Mentalisierung und Scham vertieft. Die Annahme eines engen und dynamischen Verhältnisses von Scham und Mentalisierung wird durch die Beschreibung der Entwicklung der alteritätstheoretisch verstandenen Scham entlang der Entwicklungslinien der Mentalisierungsfähigkeit gestützt. Dazu werden Berührungspunkte und Schnittstellen beider Konzepte herausgearbeitet. Zunächst wird die schambildende Funktion von Affektspiegelungsprozessen erläutert. Im weiteren Verlauf werden die Konsequenzen misslungener Spiegelungsprozesse für die Schamentwicklung thematisiert und ein Zusammenhang zwischen der in der Mentalisierungstheorie konzipierten Selbstentwicklung und der alteritätstheoretisch verstandenen Scham hergestellt. Schließlich werden Lern- und Verhaltensprobleme im schulischen Kontext unter dem Blickwinkel der Aktivität von Abwehrmechanismen gegenüber dem Gefühl der Scham betrachtet.

4.1 Die Bedeutung der frühen Affektspiegelungen für die Entwicklung der Schamfähigkeit

Fonagy et al. (2006) beschreiben den Erwerb einer Theorie des Mentalen als Produkt des intersubjektiven Austauschs zwischen Kind und Bezugsperson. Eine besondere Rolle spielen die Affektspiegelungen, die dem Säugling, wie im dritten Kapitel beschrieben, durch die Bezugspersonen zur Verfügung gestellt werden.

Bei hinreichend guter Affektspiegelung kann auch der Affekt der Scham bewusst wahrgenommen und reguliert werden und das

Misslingen der vom Subjekt angestrebten Übereinstimmung ist aushaltbar (Seidler, 2015).

Der Affekt der Scham schützt – wie Seidler (2015, S. 138) formuliert – »die Abgegrenztheit des äußeren Objekts« und die Struktur des Selbst. Er hält beides auseinander und verhindert regressive Verwischungen. Dadurch entfaltet die Scham ihre beziehungsregulierende Wirkung. Sind seelische Strukturbildung und Subjektgenese gelungen, tritt Scham als still wirkender Takt in Erscheinung. Takt versteht Seidler als »die durch Empathie geprüfte Wahrnehmung der Kränkbarkeitsgrenzen des Anderen, wenn diese darüber hinaus respektiert werden können« (Seidler, 2015, S. 263/264).

Die für die Entwicklung der Mentalisierungsfähigkeit entscheidenden Affektspiegelungen in der Bindungsbeziehung tangieren die in Seidlers Alteritätstheorie (2015) als Bruchlinie konzipierte Grenze zwischen Selbst und Objekt, an der Scham entsteht und die Fähigkeit zur objektiven Selbstbewusstheit herausgebildet wird.

Die schambildende Funktion von Affektspiegelungen

Der Affekt der Scham spielt im Zusammenhang mit Affektspiegelungen eine besondere Rolle. Bei der Spiegelung unterschiedlichster Affekte kann der Affekt der Scham angesprochen werden, denn in jeder Spiegelung zwischen Kind und Beziehungsperson schwingt die »Scham des Getrenntseins« (Seidler, 2015, S. 199) mit. Affektspiegelung kann per se ein Scham hervorrufender oder die Scham tangierender Vorgang sein, der an der Grenze zwischen Subjekt und Objekt stattfindet und zwar unabhängig davon, welcher Affektinhalt gespiegelt wird (siehe Abb.4).

Aus einem alteritätstheoretischen Blickwinkel ist die Affektspiegelung an der Drei-Punkte-Konstellation – bestehend aus der Ausgangsposition des Subjekts, der Einnahme der Position des Gegenübers und der erneuten Einnahme der Ausgangsposition unter Beibehaltung der Kenntnis der Außenperspektive auf die eigene Position – beteiligt und beeinflusst somit den Erwerb der objektiven Selbstbewusstheit,

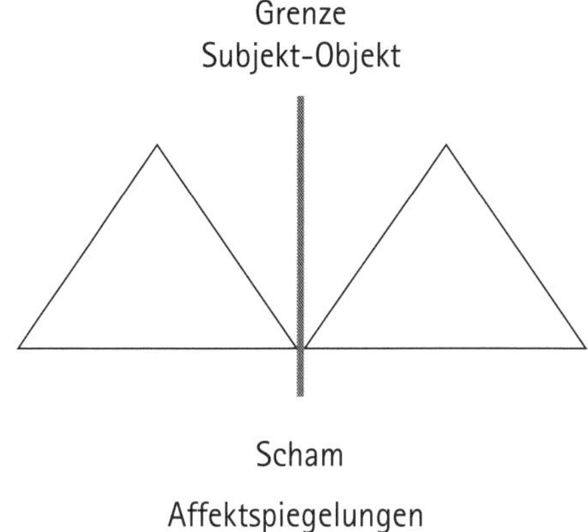

Abb. 4: An der Grenze zwischen Subjekt und Objekt wirkt die schambildende Funktion von Affektspiegelungen

die auch für eine ausgewogen ausgebildete Mentalisierungsfähigkeit sorgt.

In dem Raum, der durch die Drei-Punkte-Konstellation entsteht, finden die Symbolisierungsprozesse des Subjekts statt. Aus mentalisierungstheoretischer Sicht erwirbt das Kind die Fähigkeit zur Symbolbildung mit Hilfe der elterlichen Affektspiegelungen, die zu sekundären Repräsentanzen seiner ursprünglichen Dispositionen werden (Fonagy et al., 2006). Die sekundären Repräsentanzen fügen sich zu einem »generalisierten Kommunikationscode« (ebd., S. 209) zusammen, der als »Nachschlagewerk« für die künftige Emotionsregulation dient.

Sowohl im alteritätstheoretischen Schamverständnis als auch in der Theorie der Mentalisierungsfähigkeit beeinflussen angemessene Affektspiegelungen maßgeblich die Entwicklung der Symbolisierungsfähigkeit. Bildlich gesprochen, könnte sich der in der Mentalisierungstheorie angenommene generalisierte Kommunikationscode in dem Raum »ansiedeln«, der sich alteritätstheoretisch zwischen Subjekt und Objekt entfaltet. In diesem Raum sind die sekundären

»denkbaren« Repräsentanzen der Affekte für das Subjekt verfügbar. Hier ist dann bei einer gelingenden Entwicklung auch der Schamaffekt symbolisierbar.

Neben den von Fonagy et al. (2006, S. 208/209) genannten vier Entwicklungsfunktionen (»Sensibilisierungsfunktion«, »repräsentanzenbildende Funktion«, »zustandsregulierende Funktion«, Etablierung eines »generalisierten Kommunikationskode«) kann den Affektspiegelungen noch eine fünfte Funktion zugeschrieben werden.

Die »schambildende Funktion« sorgt dafür, dass der Affekt der Scham, der bei jeder Affektspiegelung tangiert wird, symbolisiert werden kann und eine konstruktive und funktionale »Schamhaltung« erworben wird. Die Qualität der Affektspiegelung beeinflusst, welche Bedeutung die Scham für das Subjekt hat und ob es an der Bruchlinie zwischen Selbst und Anderem die Scham konstruktiv nutzen kann (Seidler, 2015) oder Abwehrmechanismen aktiv werden (Wurmser, 2007). Eine hinreichend gute Affektspiegelung erfüllt ihre schambildende Funktion und stattet das Subjekt mit einer konstruktiven Schamfähigkeit aus. Diese ist entscheidend für die Anwendung der Fähigkeit zu Mentalisieren. Nur wenn das Subjekt durch eine angemessene seelische Strukturbildung vom Objekt abgegrenzt ist und Scham auf konstruktive Weise auf diese Grenze aufmerksam macht, kann es eigene und fremde mentale Zustände urheberrechtlich zuordnen und das »getrennte« Gegenüber als eigenständiges mentales Wesen betrachten und in entsprechender Weise mit ihm interagieren.

4.2 Das Misslingen der frühen Affektspiegelungen und die Bedeutung für die Schamentwicklung

Misslungene, dysfunktionale Spiegelungen[16] prägen ebenfalls die Schamfähigkeit des Subjekts. Denkbar sind Spiegelungen der kindlichen Affekte, denen aufgrund emotionsregulativer Probleme der

16 Siehe auch Kapitel 3.6.7.

Bindungspersonen die Markiertheit fehlt oder die Betreuungspersonen spiegeln, basierend auf eigenen intrapsychischen Konflikten, einen kategorial falschen Affekt (Fonagy et al., 2006). Sowohl die fehlende Markiertheit als auch kategorial falsche Spiegelungen können die psychische Entwicklung des Kindes und die Ausbildung einer funktionalen Schamfähigkeit beeinträchtigen.

4.2.1 Fehlende Markiertheit der Affektspiegelung

Bezugspersonen, die sich aufgrund eigener Emotionsregulationsprobleme von den negativen Äußerungen ihrer Kinder überwältigt fühlen, spiegeln die Affekte der Kinder zwar kategorial richtig, aber ohne sie entsprechend zu markieren und ohne ihnen damit eine Als-ob-Qualität zu geben. Sie zeigen im Gegenteil den Affekt auf realistische Art und Weise.

Die Etablierung des Gefühls der Urscham

Wird das Kind mit einer realistischen Version seines negativen Affekts konfrontiert, kann dadurch die Grundlage des Gefühls der Urscham im Sinne Wurmsers gelegt werden. Denn das Kind erfährt keine Regulierung oder Milderung seines negativen Affekts, sondern erlebt sich selbst als Urheber negativer Gefühle der Bindungsperson. Als Urscham bezeichnet Wurmser die grundlegende Überzeugung des eigenen Liebesunwertes (Wurmser, 2007, S. 157/158). Diese nach Wurmser radikalste Form der Scham stellt sich ein, wenn die Bedürfnisse des Kindes in der von Wurmser konzipierten perzeptiv-expressiven Phase nicht erfüllt werden.[17] In dieser Phase hat das Kind das Bedürfnis nach Wahrnehmung und Erfassung von Neuem, der Kommunikation mit der Bindungsumgebung sowie die Erwartung, eine entsprechende Reaktion zu erhalten. Unmarkierte Spiegelungen können diese Bedürfnisse von Sehen und Gesehen werden nicht erfüllen. Stellt sich die von Wurmser konzipierte Überzeugung des Liebens-

17 Siehe auch Kapitel 2.5.6.

unwertes, der »Urscham« ein, so werden Abwehrmechanismen aktiv, die sich dysfunktional in intersubjektiven Beziehungen auswirken.

Die fehlende Bruchlinie zwischen Subjekt und Objekt

Fonagy et al. (2006) postulieren für Spiegelungen, denen die Markiertheit fehlt, eine Unsicherheit in der Unterscheidung zwischen Als-ob-Modus und äußerer Realität. Sie erläutern, dass dem Subjekt die Markiertheit als Signal für die Entkoppelung von der äußeren Realität fremd bleibt.

Fehlt die Fähigkeit, den Als-ob-Modus zu erkennen und die Markiertheit als dessen »Instrument« zu verstehen, kann die Selbst-Objekt-Differenzierung nicht gelingen bzw. ist eingeschränkt. Mentale Zustände können aufgrund der »Nicht-Unterscheidbarkeit von Mein- und Dein-Zugehörigkeit« (Seidler, 2015, S. 296) nicht trennscharf vom Subjekt zugeordnet werden.

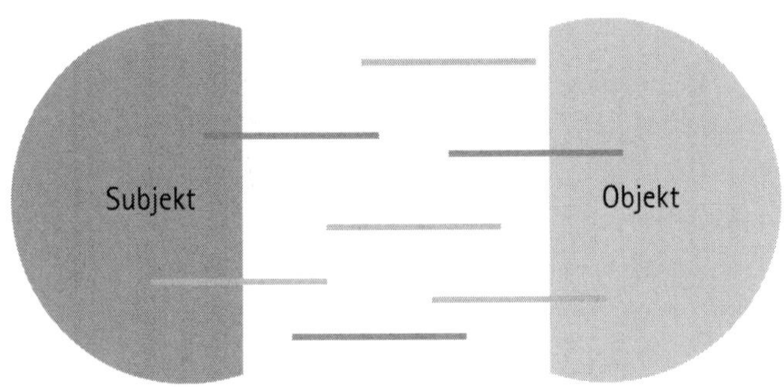

Abb. 5: Die Grenze zwischen Subjekt und Objekt ist nicht stabil. »Mein- und Dein-Zugehörigkeiten« (Seidler, 2015, S. 296) können vom Subjekt nicht zugeordnet werden.

Sind Subjekt und Objekt nicht klar differenziert, stellt sich auch die Rückübernahme des Blickes des anderen auf das Subjekt durch das Subjekt in der Drei-Punkte-Konfiguration nicht ein (Seidler, 2015). Als Folge müssen Ich und Selbst ungeschieden bleiben, denn es fehlt das Wissen um die Wirkung der eigenen Person beim anderen.

Werden Affekte unmarkiert gespiegelt, ist die Bruchlinie im Sinne Seidlers tangiert. Kann an der Bruchlinie, der Grenze zwischen Innen und Außen und Subjekt und Objekt, eine Entkoppelung im Sinne von Fonagy nicht vorgenommen werden, so entsteht auch zwischen Subjekt und Objekt kein symbolischer Raum, in dem der Affekt der Scham »aufgehoben« ist. Die Seidler'sche Bruchlinie kann nicht zur seelischen Strukturbildung genutzt werden.

Es fehlt der symbolische Raum und die Fähigkeit zur Symbolisierung, die auch als Verständnis für eine Als-ob-Qualität bezeichnet werden kann. Die auf diese Weise beeinträchtigte Mentalisierungsfähigkeit oder mit Seidler ausgedrückt, die unzureichend ausgebildete Drei-Punkte-Konfiguration, können den Zugang zur »sekundär-prozesshaft formulierbaren Realität« (Seidler, 2002, S. 20) beeinträchtigen.

Mentale Zustände, insbesondere der Affekt der Scham, können nicht symbolisiert und reguliert werden.

Letztendlich steht der Schamaffekt als »selbst« und »fremd« differenzierender Affekt nicht zur Verfügung und das eigene Bewusstsein kann nicht von dem des Gegenübers unterschieden werden kann.

Eine Folge könnte sein, dass Fremdabwertung und Selbstabwertung nicht unterschieden werden können. Entwertungen von außen entfalten ihre Wirkungen und können das Gefühl der Scham auslösen, welches nicht aushaltbar ist, da es nicht repräsentiert werden kann und deshalb abgewehrt werden muss.

4.2.2 Kategorial falsche Affektspiegelung

Eine kategorial falsche Affektspiegelung ist zwar markiert, spiegelt aber den falschen Affekt. Auf Seiten der Bezugsperson kann eine überkontrollierende Haltung vorliegen, aber auch eine »defensive«

Verzerrung, bei der aufgrund intrapsychischer Konflikte die Affekte des Kindes nicht richtig wahrgenommen werden können.

So kann eine erotisch gefärbte Erregung des Säuglings von der Mutter – defensiv auf eigene innerpsychische Konflikte reagierend – als Aggression wahrgenommen und gespiegelt werden (Fonagy et al., 2006). Da die Spiegelung markiert ist, wird sie von der Bezugsperson referentiell entkoppelt und bei einer hinreichend hohen Kontingenz im Kind verankert.

Dies führt zu einer verzerrten sekundären Repräsentanz des primären Emotionszustandes, die dem tatsächlichen, primären Emotionszustand des Kindes nicht entspricht. Das Ergebnis kann eine verzerrte Wahrnehmung des Selbstzustandes sein. Fonagy et al. (2006) ziehen bei dieser Qualität der Affektspiegelung eine Parallele zu Winnicotts »Konzept des falschen Selbst« (Winnicott, 1974 [1960]).

Auch Seidler nimmt die Vorstellung eines falschen Selbst auf (Seidler, 2015, S. 181), bei dem das Subjekt dem Gegenüber gefallen möchte und sich so verhält, wie es das Gegenüber vermeintlich erwartet um den regressiven Wunsch nach Ungeschiedenheit zu erfüllen.

Kategorial falsche Spiegelungen können das Selbsterleben verzerren und die beziehungsregulierende Funktion der Scham beeinträchtigen.

Fragmentierung und Verzerrung im Selbsterleben

Im alteritätstheoretischen Verständnis des Schamaffektes (Seidler, 2015) führt die markierte aber kategorial verzerrte Affektspiegelung zu einer unzureichend ausgebildeten Schamfähigkeit. Denn das Kind ruft bei seiner Bezugsperson ein Bild seiner selbst hervor, welches nicht mit seiner ursprünglichen Befindlichkeit übereinstimmt. Demzufolge ist die Drei-Punkte-Konfiguration (ebd., 2015) nicht stimmig und die objektive Selbstbewusstheit verzerrt. Dadurch können sich zwar Ich und Selbst differenziert entwickeln, aber möglicherweise haben sie überhaupt keine Verbindung miteinander. Es kann zu einer Fragmentierung oder Unsicherheit im Selbsterleben kommen.

Eingeschränkte beziehungsregulierende Funktion der Scham

Der alteritätstheoretisch wichtige innere Raum zwischen Subjekt und Objekt kann sich bei kategorial falschen Affektspiegelungen etablieren. Dieser Raum ist allerdings angefüllt mit »unpassenden« Zuordnungen zwischen Symbol und Symbolisiertem. Scham kann hier nicht angemessen repräsentiert werden bzw. ist »falsch« organisiert, so dass sich ihre beziehungsregulierende Funktion nicht einstellen kann. Diese Zuordnung zwischen dem ursprünglichen Gefühl der Scham und einer unpassenden sekundären Repräsentation kann sich in Beziehungen dysfunktional auswirken.

In der Ursprungsbeziehung kann Scham ihre Funktion möglicherweise noch aufrechterhalten, falls es eine »Übereinkunft« über die Verzerrungen gibt und zwar in dem Sinne, dass immer mit den gleichen Verzerrungen agiert wird. In neuen Beziehungen kann es allerdings Probleme geben, denn hier fehlt diese »Vereinbarung«. Vermutlich stellt sich ein falsches Gefühl für die Seidler'sche Bruchlinie, die Grenze zwischen Selbst und Anderem, ein. Dies kann sowohl auf die innere Welt des Subjekts als auch auf das Objekt bezogen sein. Im letzten Fall könnte das bedeuten, dass das Subjekt die Bruchlinie zum Objekt überschreitet. Die Beziehung ist nicht durch Takt oder Empathie – wie bei gelungener Mentalisierung – geprägt, sondern durch Grenzüberschreitungen, bei Seidler (2015) als »Unverschämtheiten« oder »Schamlosigkeiten« bezeichnet. Ist die Verzerrung der Bruchlinie auf das Subjekt bezogen, so sucht es möglicherweise immer wieder Beziehungen auf, in denen es Grenzüberschreitungen durch das Objekt erfährt. Denn in diesem Fall kann Scham die Unversehrtheit des Selbst nicht schützen indem sie auf die Grenzüberschreitungen aufmerksam macht (siehe Abb. 6).

Scham kann unter dem Einfluss kategorial falscher Affektspiegelungen nicht zur seelischen Strukturbildung beitragen und steht im Extremfall zur Beziehungsregulation nicht zur Verfügung.

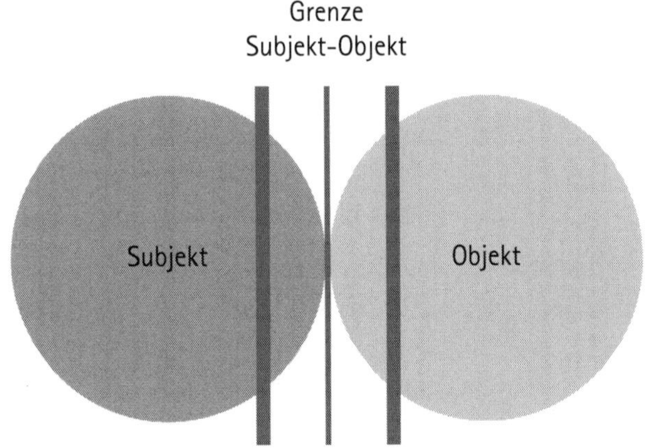

Abb. 6: Es kann zu Grenzüberschreitungen sowohl in Richtung des Objekts als auch in Richtung des Subjekts kommen.

Die Etablierung von Urscham

Eine kategorial falsche Affektspiegelung kann für das Kind die Erfahrung bedeuten, dass es in seiner Individualität unsichtbar ist (Wurmser, 2007, S. 158) und auch dies kann zur innerpsychischen Etablierung der »Urscham« führen. Wurmser (2007, S. 160) formuliert dies aus Sicht des kleinen Kindes folgendermaßen: »Wenn du mich anschaust, dann lässt du mich fallen und beachtest mich nicht. Meine Gefühle, mein Willen, meine Bedürfnisse zählen nicht. Mein Selbst wird zum Nichts!«

4.2.3 Zusammenfassung

Abweichende Spiegelungen können beim Kind das Gefühl des Liebesunwertes und der Urscham (Wurmser, 2007) hervorrufen. Unmarkierte oder kategorial falsche Spiegelungen zeugen für das Kind davon, dass seine Gefühle nicht wahrgenommen werden. Beim Kind stellt sich das Gefühl von Hilflosigkeit, sowie der Liebe nicht wert zu sein, ein.

Bei schweren Traumatisierungen kann sich dieses Gefühl auf den ganzen Kern des eigenen Selbst beziehen (Wurmser, 2007, S. 281). Im späteren Leben können Gefühle von Ohnmacht oder Kontrollverlust als überwältigend beschämend empfunden werden und werden mit eben diesem Gefühl des Liebesunwertes gleichgesetzt. Die Kontrolle muss dann im interaktionellen Raum handelnd wiederhergestellt werden. Dies kann geschehen, indem die Außenwelt überwältigt wird oder das Subjekt sich verschließt und seine Expressivität stark einschränkt (Wurmser, 2007).

Für Seidler (2015) taucht Scham vor dem Hintergrund einer grundlegenden menschlichen Suchbewegung nach Übereinstimmung auf und zwar genau dann, wenn diese Suchbewegung auf die Schnittstelle zwischen Ich und Fremd trifft. An dieser Bruchlinie entfaltet die Scham ihre beziehungsregulierende Funktion. Fehlt der Affektspiegelung die Markiertheit, so stellt sich die Seidler'sche Bruchlinie als Grenze zwischen Subjekt und Objekt, an der der Affekt der Scham angesiedelt ist, nicht ein. Bei kategorial falschen Spiegelungen kommt es zur Verzerrung der Bruchlinie, so dass sich auch hier die beziehungsregulierende Funktion der Scham nicht einstellt oder zumindest geschwächt ist.

Für den Umgang mit der nicht denkbaren, nicht symbolisierbaren Scham, wie sie sich bei fehlender Mentalisierungsfähigkeit einstellt, heißt dies, dass die Verwerfung der primären Ungeschiedenheit im Seidler'schen Sinne dazu führt, dass Fremdes egalisiert oder sogar eliminiert werden muss (Seidler, 2002). Nur so kann die Illusion der Ungeschiedenheit, wie bei nicht mentalisierbarer Scham erforderlich – orientiert am alteritätstheoretischen Verständnis von Scham – aufrechterhalten werden. Da Seidler von der Notwendigkeit eines Wechselseitigkeitsverhältnisses zur Selbstkonstitution ausgeht, bedeutet die Zerstörung des Fremden oder Anderen letztendlich Selbstzerstörung bzw. Fremdes muss immer wieder neu generiert und anschließend zerstört werden. Geschieht die Elimination auf der Handlungsebene, so bilden Verachtung, Spott, Zynismus und Entwertung die dazugehörigen Affekte.

Die Qualität der Affektspiegelung beeinflusst im dargelegten Sinne den Umgang des Subjekts mit der »Bruchlinie« zwischen Selbst und Anderem und die Fähigkeit, Wechselseitigkeit als Beleg der Getrenntheit in Beziehungen auszuhalten und zu leben.

4.3 Der Zusammenhang von Scham und Mentalisierung im weiteren Entwicklungsverlauf

Die Mentalisierungstheorie geht davon aus, dass die Reaktionen der Bindungspersonen auf das kindliche Spiel und auf alltägliche kindliche Lebensäußerungen ab dem Ende des ersten Lebensjahres die Funktion übernehmen, die bis dahin die Affektspiegelungen erfüllten. Denn ab diesem Alter werden die Face-to-Face-Interaktionen – Interaktionen von Angesicht zu Angesicht – bedingt durch die zunehmenden körperlichen Aktivitäten der Kinder und deren Interesse an der Umwelt, seltener.

Nun ist es nicht mehr allein das Gesicht der Betreuungsperson, das die emotionale Befindlichkeit des Kindes spiegelt und so im optimalen Fall zur gelungenen Affektregulation und dem Erwerb der Mentalisierungsfähigkeit beiträgt. Nun sind es die Reaktionen und Kommentare der Bezugsperson, die dem Kind eine externe Darstellung der eigenen Befindlichkeit präsentieren (Dornes, 2004b). Indem das Kind seine Befindlichkeit im anderen wiederfindet, kann es diese symbolisch repräsentieren und kontrollieren. Wie die frühen Affektspiegelungen stehen auch die erwachsenen Reaktionen auf die kindlichen Äußerungen und das kindliche Spiel in Zusammenhang mit den ursprünglichen Emotionen des Kindes (Fonagy & Target, 2001a) und werden durch eine »›Als-ob-Haltung‹ gegenüber seinem intentionalen Zustand« (Fonagy et al., 2006, S. 271) markiert.

Diese Markiertheit kann durch unterschiedliche Merkmale hervorgehoben werden. »Wissende Blicke, ein leichtes Neigen des Kopfes, eine hohe Tonlage oder betont langsames Sprechen, […], eine angedeutete, verkürzte oder nur partielle Ausführung von Handlungsschemata und der Gebrauch unsichtbarer imaginärer Objekte« (Fonagy et al., 2006, S. 299) geben dem Kind die Möglichkeit, zwischen dem Als-ob-Modus und einer realistischen Version zu unterscheiden.

Die schambildende Funktion der Interaktionen

Da der Schamaffekt im Sinne Seidlers (2015) als »Schnittstellenaffekt« das Gewahrwerden der Grenze zwischen Ich und Fremd markiert und damit Einfluss auf die seelische Strukturbildung und Subjektkonstitution hat, sollte auch die bereits genannte »schambildende Funktion« der Spiegelungsprozesse beachtet werden.[18] Werden nämlich die frühen Affektspiegelungen (Face-to-face) als Anzeichen der Seidler'schen Bruchlinie (Seidler, 2015) angesehen, so trifft dies auch auf die Interaktionen zwischen Kind und Bindungsperson im weiteren Entwicklungsverlauf zu. Folglich sind die Interaktionen an sich schamrelevant, denn mit dem Austausch zwischen Subjekt und Objekt wird auch die »Scham des Getrenntseins« im Sinne Seidlers angesprochen.

Dysfunktionale Widerspiegelungen und die Schamentwicklung

In diesem intersubjektiven Geschehen können Äußerungen oder Verhaltensweisen der Bindungspersonen auch unpassende Widerspiegelungen der dargestellten kindlichen Befindlichkeiten bilden und neben der Emotionsregulation und Mentalisierungsfähigkeit auch die Ausbildung einer konstruktiven Schamhaltung im Sinne Seidlers (2015) beeinträchtigen. Dauern die für die frühen Affektspiegelungen in Face-to-face-Situationen dargestellten dysfunktionalen Spiegelungen auch in der folgenden Lebensphase an, so können sich auch für den Schamaffekt dysfunktionale Entwicklungslinien ergeben. Denn die Qualität der Widerspiegelung der kindlichen Befindlichkeit beeinflusst neben der Mentalisierungsfähigkeit die weitere Entwicklung der Schamfähigkeit.

18 Siehe auch Abschnitt 4.1 in diesem Kapitel.

4.3.1 Spiegelungen im Äquivalenzmodus und ihre Auswirkungen auf den Schamaffekt

Reagieren die Bezugspersonen im Äquivalenzmodus auf die kindlichen Affekte, so imitieren sie diese einfach, fassen sie konkretistisch auf und zeigen denselben Affekt wie das Kind, allerdings unmoduliert und in realistischer Art und Weise. Diese Reaktionsweise entspricht den weiter oben beschriebenen frühen unmarkierten Affektspiegelungen.

Den Bezugspersonen gelingt es in diesem Falle nicht, die Wahrnehmung des Kindes zu teilen und gleichzeitig durch den Als-ob-Modus eine Distanz zur kindlichen Perspektive zu schaffen (Dornes, 2004b).

Das Kind kann folglich keine sekundären Repräsentanzen zu seinen Empfindungen bilden und das Gefühl der Abgegrenztheit zwischen Selbst und Anderem kann nicht entstehen (Fonagy et al., 2006, S. 17). Die innere Erfahrung des Kindes wird, da sie die Bindungsperson »ansteckt«, für das Kind eine äußerliche Erfahrung und es bleibt quasi im Äquivalenzmodus stecken.

Für den Schamaffekt bedeutet dies, dass er durch das Fehlen sekundärer Repräsentanzen kognitiv nicht zugänglich ist und nicht reguliert werden kann.

Er steht außerdem nicht zur Verfügung um »als Grenzwächter die Abgegrenztheit und Objektivität des äußeren Objekts und die sich zunehmend konsolidierende Selbststruktur« (Seidler, 2015, S. 138) auseinanderzuhalten und »vor einer regressiven Verwischung dieser Grenze« zu schützen. Mit Fonagy et al. (2006, S. 200) kann festgestellt werden, dass sich die projektive Identifizierung als Modus des emotionalen Erlebens etabliert, wenn es zu einer fortgesetzten Konfrontation mit Widerspiegelungen im Äquivalenzmodus kommt. Da es bei der projektiven Identifizierung zur Grenzüberschreitung zwischen Subjekt und Objekt kommt, indem Teile des Selbst vom Subjekt in eine andere Person projiziert werden, kann ein Zusammenhang mit dem Funktionsausfall der Scham vermutet werden.

Es fehlt die urheberrechtliche Zuordnung mentaler Zustände, wie sie durch die von Seidler (2015) beschriebene Fähigkeit der »objektiven Selbstbewusstheit« (ebd., S. 154) und der Schamfähigkeit des Subjekts gewährleistet ist und die Grenze zwischen Subjekt und Objekt verwischt.

Da das Kind in der spiegelnden Bindungsperson keine modulierte Version der eigenen Befindlichkeit findet, erhält es, mit Seidler (2015) formuliert, auch keine Information über die eigene Befindlichkeit unter Einbezug der eigenen Position aus dem Blickwinkel des Anderen. Es kann kein symbolischer Raum entstehen, denn innere Bilder erhalten Realitätscharakter und die Realitätsprüfung ist beeinträchtigt. Die Grenze zwischen Affekt und äußerer Realität verschwimmt.

Gemeinsam geteilte Grenzen (Amiri, 2008, S. 276) zwischen Subjekt und Objekt, auf die der Schamaffekt aufmerksam macht, fehlen ebenso wie die Fähigkeit, diese bei Anwesenheit eines Gegenübers aufrechtzuhalten. In einem derartigen Entwicklungskontext ist die Entwicklung von Mentalisierungsfähigkeit und deren Anwendung erschwert. Scham kann ihre Funktion im Seidler'schen Sinne (2015) nicht wahrnehmen und gleichzeitig kann das Gefühl der Scham nicht mentalisiert werden.

Möglicherweise wird Scham ausagiert oder mit Hilfe rigider Abwehrformen, wie Wurmser (2007) sie beschreibt, verdrängt.

4.3.2 Spiegelungen ohne emotionale Kongruenz und ihre Auswirkungen auf den Schamaffekt

Findet die Spiegelung bzw. die Reaktion der Bindungsperson auf die im Spiel mitgeteilte emotionale Befindlichkeit des Kindes zwar im Als-ob-Modus statt, wird aber ein falscher Affekt gespiegelt, so fehlt dem Kind die emotionale Kongruenz.

Durch die inkongruente Spiegelung wird das »Wissen-von-sich-beim-Anderen« (Seidler, 2015, S. 85), welches durch die Drei-Punkte-Konfiguration vom Subjekt erworben wird, verzerrt und die bereits beschriebene Entwicklung einer verzerrten Selbstrepräsentanz setzt sich fort. Dadurch kann die Entwicklung von Empathie beeinträchtigt werden. Seidler (ebd., S. 85) unterstützt diesen Gedanken und verweist auf den Zusammenhang von Gewissensbildung und Schamfähigkeit. Gewissen steht für ihn im Zusammenhang mit »Beziehungsfähigkeit, dem Wissen um die Spuren der eigenen Person beim Anderen, damit mit Empathiefähigkeit und – insofern auch die aktive Wahrnehmung des Anderen betroffen ist – mit basaler Schamfähigkeit«. Hier ergibt sich ein Zusammenhang zwischen der Fähigkeit zu Mentalisieren und der Schamfähigkeit sowie des Fehlens dieser Fähigkeiten, denn beide wirken mit an der trennscharfen urheberrechtlichen Zuordnung mentaler Zustände. Dadurch beeinflussen sie die Beziehungsqualität zwischen den beteiligten Personen

4.3.3 Zusammenfassung

Ist ein Kind in seiner Entwicklung fortwährend abweichenden Widerspiegelungen ausgesetzt, so können keine angemessenen sekundären Repräsentanzen seiner Affekte entstehen. Es folgen Schwierigkeiten, die Affekte zu verstehen, verbal ausdrücken und zu regulieren. Die Erkenntnis des repräsentationalen Charakters der Welt stellt sich nicht ein. Unter diese Bedingungen kann sich die Mentalisierungsfähigkeit nicht entwickeln und die Funktion des Schamaffekts, wie ihn Seidler konzipiert, ist nicht gegeben. Eine stabile Unterscheidung des Selbst vom Objekt fehlt. Verweigert sich das Objekt, kommt es zur »Scham des Getrenntseins« (Seidler, 2015). Diese tiefe narzisstische Kränkung kann aufgrund fehlender Mentalisierungsfähigkeit nicht bearbeitet werden. Es entsteht eine sich selbst perpetuierende Situation. Das Subjekt kann aufgrund fehlender Mentalisierungsfähigkeit die »Scham des Getrenntseins« nicht angemessen regulieren. Da sich die Wirkung der konstruktiven Schamhaltung, nämlich Subjekt und Objekt auseinanderzuhalten, nicht entfaltet, können mentale Befindlichkeiten urheberrechtlich nicht zugeordnet werden und Mentalisieren ist nicht möglich.

4.4 Die Integration der kindlichen Erlebensmodi und die Schamentwicklung

Die Widerspiegelung der kindlichen Affekte hat neben der bereits beschriebenen Bedeutung noch eine weitere wichtige Funktion für die Entwicklung der seelischen Struktur des Kindes. Sie trägt zur Integration der beiden Modi bei, in denen Kinder Gedanken und Gefühle erfahren (Dornes, 2004a, S. 306ff.).

Fonagy et al. (2006) unterscheiden zwei Arten, wie Kinder zwischen innerer und äußerer Realität differenzieren und dies im Spiel und in ihren alltäglichen Lebensäußerungen zum Ausdruck bringen.[19]

Operiert ein Kind im Äquivalenzmodus, so nimmt es Vorstellungen nicht als Repräsentanzen wahr, sondern als direkte Abbilder der Realität (Fonagy et al., 2006). Damit entsprechen mentale Geschehnisse für das Kleinkind Geschehnissen in der physikalischen Welt (Fonagy & Target, 2001b). Es wird also Inneres und Äußeres gleichgesetzt. Dieser Prozess läuft in beide Richtungen ab. Da die Gedanken kleiner Kinder aber noch sehr fragil sind, gehen Fonagy et al. (2006) davon aus, dass sehr kleine Kinder eher ihre Gedanken und Überzeugungen der äußeren Welt anpassen als umgekehrt.

In anderen Situationen erlebt das Kind seine innere Befindlichkeit, seine Gedanken und Gefühle als ausschließlich repräsentational. In diesem Als-ob-Modus des Erlebens gibt es keine Verbindung zwischen äußerer Welt und innerer Befindlichkeit. Dies zeigt sich insbesondere im symbolischen Spiel. Hier werden Gedanken und Gefühle aus der Realität aufgegriffen und dann im Spiel von ihr abgekoppelt.

Beide Modalitäten existieren nebeneinander und das Kind »oszilliert« zwischen beiden hin und her, so Dornes (2004a, S. 307).

Mit der Integration dieser beiden Erlebensmodi etabliert sich im Alter von ca. vier Jahren ein reflektierender oder mentalisierender Modus der psychischen Realität (Gopnik, 1993). In diesem Modus

19 Siehe auch Kapitel 3.6.2.

kann das Kind nun verstehen, dass das eigene Verhalten und das anderer durch mentale Zustände erklärt werden kann. Außerdem ist es in der Lage, falsche Überzeugungen zu verstehen. Fonagy und Target (1996, 2001b) gehen davon aus, dass die Integration der beiden Erlebensmodi und damit die Entwicklung der Emotionsregulation und der Fähigkeit zu mentalisieren in Abhängigkeit von der Qualität der Bindungsbeziehung geschieht und keinen reifungsbedingten Prozess darstellt. Parallel dazu entwickelt sich die Schamfähigkeit. Mit dem mentalisierenden Modus der psychischen Realität kann das Kind bei hinreichender Schamfähigkeit die von ihm wahrgenommenen mentalen Zustände urheberrechtlich zuordnen. Die Drei-Punkte-Konfiguration wird durch die Integration der Erlebensmodi möglich und die Symbolisierungsfähigkeit gefördert.

Unpassende Widerspiegelungen der dargestellten kindlichen Befindlichkeiten erschweren eine Integration der kindlichen Erlebensmodi und dadurch neben der Emotionsregulation auch die Erkenntnis des repräsentationalen Charakters der Welt. Diese Erkenntnis wird durch das Fehlen der Abgegrenztheit des Subjekts, wie sie der Schamaffekt gewährleistet, beeinträchtigt. Der symbolische Raum entsteht nicht, weil die in der Alteritätstheorie angenommene Drei-Punkte-Konfiguration nicht zustande kommt. Mentale Befindlichkeiten können nicht urheberrechtlich zugeordnet werden und falsche Überzeugungen nicht erkannt werden.

Unter diesen Bedingungen kann sich die Mentalisierungsfähigkeit nicht entwickeln und die Funktion des Schamaffekts, wie Seidler ihn konzipiert, ist nicht gegeben.

4.5 Die Bedeutung von Scham und Mentalisierung für die Entwicklung des Selbst

Fonagy et al. (2006) sprechen den Affektspiegelungen, aber auch dem Spiel und der Fantasie, eine bedeutsame Rolle beim Erwerb der Mentalisierungsfähigkeit zu. Diese Aspekte stehen auch in einem engen

Zusammenhang mit der Entwicklung des Selbst. Denn die externen Darstellungen der kindlichen inneren Zustände und deren Verinnerlichung durch das Kind bilden auch die Inhalte der Selbstrepräsentanz des Kindes (Dornes, 2004a). Dabei verinnerlicht das Kind die dargebotenen »Versionen« des eigenen Selbst und verknüpft die so erworbenen Inhalte der Selbstrepräsentanz mit den primären Selbstzuständen, die dadurch gedacht werden können. Diese Verknüpfung ermöglicht eine Korrektur bzw. bewusste Bearbeitung der Selbstzustände z. B. in Spiel oder Fantasie. Können die Zustände des Selbst nicht gedacht werden, kann nur eine biologische Korrektur z. B. durch Medikamente geschehen, also durch einen »direkten Eingriff in die primären Zustände« (Dornes, 2004b, S. 186).

Fonagy et al. (2006) betrachten den Zugang zur Wahrnehmung eigener und fremder Affektzustände und eigener und fremder Handlungen als das Ergebnis eines komplexen Prozesses. Beide Wahrnehmungen weisen unter hinreichend guten intersubjektiven Bedingungen im Laufe der Entwicklung einen immer höheren und ausgeprägteren Grad an Mentalisierung auf. Unter dem Blickwinkel dieser zunehmenden Mentalisierungsfähigkeit haben Fonagy et al. (2006) ein fünfstufiges Modell der Selbstentwicklung konzipiert.[20] Dem Affekt der Scham widmen sie dabei keine Beachtung.

4.5.1 Die Entwicklung des Selbst aus Sicht der Mentalisierungstheorie

Die Konzeption des »Selbst als mentaler Akteur« bezieht sich auf den von James (1890) geprägten Begriff des »subjektive[n] Selbst« oder »I«. Der Begriff konzentriert sich auf das Selbst als Akteur, nicht auf das Selbst als Repräsentanz von Eigenschaften, die Menschen sich aufgrund von Reaktionen der sozialen Welt zuschreiben.

Das zunächst *physikalische Selbst* (Fonagy et al., 2006), welches zu Beginn des Lebens mit Hilfe des Kontingenzentdeckungsmodul (Gergely & Watson, 1999) ein Bewusstsein für die physikalische

---

20 Siehe auch Kapitel 3.6.4.

Urheberschaft des Selbst schafft, entwickelt sich ab dem dritten Lebensmonat zum Selbst als »sozialer Akteur« (Fonagy et al., 2006, S. 206).

Das *Selbst als sozialer Akteur* entsteht, wenn insbesondere in sozialen Interaktionen, der eigene Einfluss auf Objekte aus der Umwelt wahrgenommen und ausgeübt wird. Die kindliche Aufmerksamkeit wendet sich von der Selbstexploration zur Exploration der Umwelt.

Das *Verständnis des Selbst und anderer als teleologische Akteure* bildet sich ab einem Alter von etwa neun Monaten, wenn Kinder neue kommunikative Verhaltensweisen wie Blickverfolgung, soziale Rückversicherung oder protoimperative oder -deklarative Gesten zeigen. Nun erreichen Kinder eine neue Stufe des Verständnisses von Handlungen und zielgerichteten Aktionen (Fonagy et al., 2006). Csibra und Gergely (1998) vertreten die Auffassung, dass das kindliche Verständnis von Verhalten nun unter einem teleologischen Blickwinkel vonstattengeht. Das teleologische Verständnis orientiert sich am »Prinzip des rationalen Handelns«. Die kindlichen Interpretationen zielgerichteten Handelns sind in dieser Phase realitätsfundiert aber weder mentalistisch noch kausal. Es werden keine vorgängigen Wünsche oder Überzeugungen unterstellt.

Die teleologische Haltung erweitert sich im Laufe der Entwicklung zu einer mentalisierenden Haltung (Gergely & Csibra, 1997). Ab einem Alter von ca. zwei Jahren entsteht das *Verständnis des Selbst und anderer als intentionaler mentaler Akteur*. Repräsentationen aktueller realistischer Bedingungen und Einschränkungen werden zu Überzeugungen (beliefs) transformiert während sich die Repräsentationen zukünftiger Zielzustände in Wünsche (desires) verwandeln.

Gegen Ende ihres zweiten Lebensjahres verfügen Kinder über ein »mentalistisches Verstehen« (Fonagy et al., 2006, S. 244) der verursachenden Wirkung von Intentionen. Sie verstehen, dass die Handlungen anderer vorgängige Intentionen haben und können intentionale mentale Zustände repräsentieren. Dieses Verständnis schafft neue Bedingungen für die Verhaltensvorsage und Verhaltensinterpretation.

Durch die neuen Fähigkeiten wird auch das kindliche Selbstverständnis beeinflusst. Das James'sche »Me« (James, 1984 [1892]), das empirische Selbst, entsteht. In Fällen von Misshandlung beschreibt Gergely (2002) die Entwicklung einer dysfunktionalen Theorie des Geistes und daraus resultierend eine pathologische Selbstentwicklung, Desorganisation und Spaltungsvorgänge.

Für Csibra und Gergely (1998) gehört zur Entwicklung der Theory of Mind neben der Fähigkeit, eine mentalisierende Haltung einzunehmen auch die Kompetenz, zu entscheiden, wann es strategisch sinnvoll ist, vom teleologischen in den mentalisierenden Interpretationsmodus zu wechseln.

Ab einem Alter von etwa vier Jahren erreichen Kinder eine »reife Theorie des Mentalen« (Fonagy et al., 2006, S. 249) und entwickeln ein *Verständnis des Selbst und das anderer als repräsentationaler Akteur*. Ihr bisheriges mentalistisches Weltbild wandelt sich in ein repräsentationales. Die Kinder wissen nun, dass intentionale mentale Zustände Repräsentationen über Sachverhalte sind. Dieses Wissen bildet die Voraussetzung für die Erkenntnis, dass Aktionen und Handlungen durch die Repräsentation der Realität und nicht die Realität selbst verursacht werden. Damit besitzen Kinder nun auch die Fähigkeit, falsche Überzeugungen zu verstehen. Diese neuen Erkenntnisse führen zur Entwicklung des autobiografischen Gedächtnisses.

4.5.1 Die Entwicklung des Selbst und der Schamfähigkeit

Ausgehend von einem dynamischen Verhältnis zwischen Scham und Mentalisierung und der Erkenntnis der schambildenden Funktion von Affektspiegelungen, ist ein Zusammenhang von Schamentwicklung und der Entwicklung des Selbst naheliegend.

Insbesondere die Auswirkungen einer unabgeschlossenen Ausbildung des Selbst, die das Verharren im teleologischen Modus bewirkt, können die Schamentwicklung beeinträchtigen. Daher sind die folgenden Abschnitte dem Verharren im teleologischen Modus und dessen Konsequenzen für die Schamentwicklung gewidmet.

Das Verharren im teleologischen Modus

Mängel in den sozialen Interaktionen und nicht hinreichend gute Entwicklungsbedingungen in den (früh-)kindlichen Beziehungen können dazu führen, dass die Transformation der teleologischen Haltung in die mentalisierende Haltung nicht oder nur unvollständig gelingt.

Dies kann im Kontext einer desorganisierten Bindung geschehen. Hier löst die emotionale kindliche Befindlichkeit bei der Betreuungsperson die Unfähigkeit aus, das Kind als intentionales Wesen wahrzunehmen. Die Betreuungsperson kann mit Rückzug oder angsterregendem Verhalten reagieren. Das Kind wiederum erlebt die eigenen Zustände als gefährlich und schreckt vor dem Bild seiner selbst zurück, das es im Inneren der Bezugsperson findet. Als Konsequenz zieht sich das Kind auf einen teleologischen Funktionsmodus zurück (Fonagy et al., 2006, S. 358ff.). Das innere Erleben des Kindes wird in diesem Fall nicht mit einer angemessenen sekundären Repräsentation abgebildet. Im Gegenteil, die Repräsentanz des aktuellen Zustands der Betreuungsperson wird in die noch fragile Selbststruktur »eingebaut«. Das Kind fühlt sich nicht sicher oder sogar bedroht, »[…] wenn es sich die es selbst betreffenden Gedanken des Objekts vorstellt oder Menschen beim Denken zusieht« (Fonagy & Target, 2002b, S. 282) .und wird damit in seiner Herausbildung des mentalisierenden Erlebensmodus beeinträchtigt.

Das Verharren im teleologischen Modus und der Affekt der Scham

In Bezug auf den Affekt der Scham kann eine Hinwendung zu oder ein Verhaften im teleologischen Modus als Vermeidung des Empfindens des Liebesunwertes und der Urscham (Wurmser, 2007) interpretiert werden. Das Kind erkundet das Innere der Bezugsperson nicht und muss damit in ihrem Inneren auch nicht den eigenen beschämenden Unwert wahrnehmen. Diese Schamabwehr schränkt gleichzeitig die Mentalisierungsfähigkeit ein und dem Kind fehlt damit die Möglichkeit, beschämende Situationen zu mentalisieren und deren Wirkmächtigkeit auf das Selbst zur relativieren.

Der Affekt der Scham, im Sinne von Seidlers (2015) Alteritätstheorie, steht, wie auch andere Affekte, im teleologischen Modus für das Subjekt nicht angemessen zur Verfügung und kann die für die Subjektkonstitution so wichtige Rolle nur unzureichend erfüllen. Da das Kind auf die Erkundung der mentalen Befindlichkeit der Bezugsperson verzichtet, fehlt die Entstehung der von Seidler in seiner Alteritätstheorie entwickelten Vorstellung einer Dreieckskonfiguration, bestehend aus der eigenen Ausgangsposition, der Position des Gegenübers und der Aufnahme des Blickes des Gegenübers auf das eigene Selbst. Dadurch fehlen im Sinne der Mentalisierungstheorie die angemessenen sekundären Repräsentanzen und im Sinne Seidlers der sich zwischen Subjekt und Objekt entfaltende Raum, in dem Symbolisierung stattfindet. Die von Seidler beschriebene Bruchlinie, als Grenze zwischen Selbst und anderen, steht in ihrer Funktion nicht bereit und das Erleben der »Manifestation einer Schnittstelle zwischen ›vertraut‹ und ›fremd‹« (Amiri, 2008, S. 257) bleibt aus. »Scham als affektiver Widerschein von Eigenem und Nicht-Eigenem«, der bei »der Herausbildung des Wissens vom eigenen Selbst als Selbstbewusstheit und als Gewissen« (ebd., S. 262) eine zentrale Rolle spielt, steht nicht zur Verfügung.

Bleibt ein Individuum im teleologischen Modus verhaftet und wird das anvisierte Ziel, der herbeigesehnte Zustand der Ungeschiedenheit, nicht erreicht, kann dies eine narzisstische Kränkung bedeuten und den Affekt der Scham auslösen.

Dieser kann aber, wenn nicht gleichzeitig der mentalisierende Erlebensmodus zur Verfügung steht, nicht gedacht und bearbeitet werden. Eine mögliche Folge könnte das Ausagieren auf der Handlungsebene sein.

Das Verharren im teleologischen Modus und der subjektivierende und der objektivierende Blick[21]

Seidler (2015) beschreibt, dass zum Selbst das vom Gegenüber zurückgeworfene Bild des Selbst gehört, welches vom Subjekt wiederaufgenommen wird und das Subjekt zur »objektiven Selbstbewusstheit« (ebd., S. 154) befähigt. Es handelt sich dabei um ein fortlaufendes Geschehen, welches in jeder zwischenmenschlichen Wahrnehmung vorkommt. Der wiederaufgenommene Blick ermöglicht die Entstehung des symbolischen Raumes. Dieser entfaltet sich aber nur, wenn auch die Positionen des Subjekts und des Gegenübers in der Drei-Punkte-Konfiguration erhalten bleiben. Dem zurückgeworfenen Blick spricht Seidler zwei Qualitäten zu. Der Blick kann entweder »objektivierend« oder »subjektivierend« (Seidler, 2015, S. 68) sein. Der objektivierende Blick betont die »Nicht-Identität« (Amiri, 2008, S. 255) und kann das Gegenüber verdinglichen. Im Extremfall wird die Subjektivität des Angeblickten ausgelöscht. Der subjektivierende Blick hingegen betont die Übereinstimmung und kann im Extrem Selbstverlust bedeuten, weil es keine wahrnehmbare Grenze zwischen Ich und Fremd gibt. In einer ausgewogenen Beziehung halten sich beide Blickqualitäten die Waage.

Im teleologischen Modus des Erlebens kann der objektivierende Blick in seiner äußersten Ausprägung die Wahrnehmung des Gegenübers bestimmen. Ist dies der Fall, so können Subjektivität und Intentionalität des Anderen nicht wahrgenommen werden. Als Folge ist die Grenze zwischen Mein und Dein nicht klar, Mentalisierungsprozesse sind erschwert und der Schamaffekt wird unwirksam. Umgekehrt kann sich das Subjekt durch den Blickaussendenden als »objektiviert« und ausschließlich getrennt empfinden. Der Blick wird dann möglicherweise als Verachtung (Seidler, 2015, S. 73) interpretiert und es entsteht das Gefühl, zu einer Sache oder einem Gegenstand herabgesetzt zu werden. Als Konsequenz ist die Blickvermeidung denkbar (Seidler, 2015),

21 Siehe auch Kapitel 2.4.7.

aber auch die Auslöschung des Blickaussendenden als Repräsentant des Fremden bzw. der Getrenntheit. Der Schamaffekt begleitet diese Prozesse, kann aber, wenn der mentalisierende Modus nicht zur Verfügung steht, nicht bearbeitet und nicht konstruktiv genutzt werden. Mit der Auslöschung des Gegenübers kann die nicht aushaltbare Scham abgewehrt werden.

Schließlich bedeutet das Verharren im teleologischen Modus emotionale Leere. In Bindungsbeziehungen kann keine gleichberechtigte Wechselseitigkeit entstehen, in der die Scham als Schnittstellenaffekt ihre beziehungsregulierende Wirkung entfaltet und das Subjekt die Fähigkeit zur objektiven Selbstbewusstheit (Seidler, 2015) erwirbt und anwendet.

Der vordergründige subjektive Gewinn eines Überwiegens des teleologischen Modus wird von Wurmser (2007, S. 218) als Abwehr von Scham folgendermaßen formuliert:

> »Jedes echte Gefühl, das man offenbart, ist ein Stück Selbst, dass man preisgibt. ›Leere‹ wird daher, obwohl sie auch ein Eingeständnis von Versagen ist, zu einer Zuflucht des Schwachen, zu einem Asyl der Unverletzlichkeit für den Verzweifelten.«

4.6 Scham als Schnittstellenaffekt und die Fähigkeit zu mentalisieren

Scham als Schnittstellenaffekt im Seidler'schen Sinne hat einen bedeutenden Anteil an der Subjektkonstitution, der Symbolisierungsfähigkeit und der Beziehungsgestaltung des Subjekts. Er manifestiert sich an der Bruchlinie, der Grenze zwischen Selbst und Objekt, wenn eine vom Subjekt intendierte Übereinstimmung scheitert.

Diese Bruchlinie ist ebenfalls der Ort, an dem Mentalisierungsprozesse stattfinden. Die Erkenntnis mentaler Urheberschaft ergibt sich hier, an der Grenze zwischen Subjekt und Objekt. Ohne Bruchlinie, ohne eine wirksame Grenze zwischen Mein und Dein, bezogen auf mentale Zustände, können ausgewogene, funktionale Mentalisierungsprozesse nicht stattfinden.

Ohne die Fähigkeit zu Mentalisieren kann wiederum Scham nicht als Schnittstellenaffekt wirksam werden. Sie kann nicht gedacht und bearbeitet werden und der bei der Bearbeitung des Schamaffekts mögliche Erwerb von psychischen Strukturen und Kompetenzen stellt sich für das Subjekt nicht ein. Diese Verschränkung von Scham- und Mentalisierungsfähigkeit kann als ein enges und dynamisches Verhältnis interpretiert werden.

4.7 Die Bedeutung von Scham und Mentalisierung für Verhaltensprobleme und Lernstörungen

Wie im ersten Kapitel ausgeführt, ist die Schule ein Ort, an dem es unvermeidbar zur Konfrontation mit Schamgefühlen kommt. Dies ist einerseits in den strukturellen Bedingungen begründet, andererseits halten auch die vielfältigen sozialen Beziehungen in der Schule Schampotenziale bereit. Außerdem können persönliche Schwächen oder Lerndefizite öffentlich werden und Scham hervorrufen.

Ausgehend davon, dass die Beziehung von Schülerinnen und Schülern zum angebotenen Lerngegenstand auch durch die emotionale Beziehung zum Lehrenden bestimmt ist, hat die Beziehungsqualität zwischen beiden besondere Aufmerksamkeit verdient. Das gilt insbesondere im Hinblick auf den Schamaffekt. Dies wird durch die Untersuchungen von Prengel (2013) unterstützt, die auf die Bedeutung von seelischen Verletzungen und Missachtung von Schülerinnen und Schülern in der Schule aufmerksam macht.

Seelische Verletzungen, Missachtungen oder Bloßstellungen rufen, wie das öffentlich bekannt werden von Wissenslücken oder Lerndefiziten, Gefühle der Scham in Kindern und Jugendlichen hervor. Diese Scham muss wegen ihrer Unaushaltbarkeit für den Einzelnen abgewehrt werden.

All dies spricht dafür, dem Schamaffekt und seiner Abwehr im Zusammenspiel mit der Mentalisierungsfähigkeit in der Schule mehr Bedeutung zuzusprechen und in der pädagogischen Arbeit mehr Aufmerksamkeit zu widmen.

4.7.1 Die Bedeutung von Abwehrmechanismen für das Lernen

Katzenbach (2004) weist auf den Zusammenhang von Lernen und Affektregulation hin. Er beschreibt, dass insbesondere strukturelles Lernen im Sinne der Reorganisation von bereits Gelerntem und Gewusstem für Kinder mit geringen emotionsregulativen Kompetenzen kaum möglich ist. Für Katzenbach stehen diese Lernprobleme im Zusammenhang mit Angst bzw. Furcht. Zusätzlich können der Schamaffekt und dessen Abwehr beteiligt sein. Einmal Gelerntes wieder infrage zu stellen um eine Reorganisation kognitiver Strukturen zu ermöglichen, kann eine narzisstische Herausforderung und möglicherweise eine narzisstische Kränkung darstellen. Angelehnt an Seidlers Schamverständnis (2015) ergibt sich hier auch die Identitätsfrage für das Subjekt. Dies ruft dann Scham hervor, wenn die Bewältigung der Situation subjektiv nicht gelingt und Abwehrmechanismen werden aktiv, wenn es keinen konstruktiven Umgang mit Scham gibt, und diese stören dann den Lernprozess.

Die Herausforderung für die Pädagogik ergibt sich aus dem Spannungsfeld zwischen einer schwach ausgebildeten Mentalisierungsfähigkeit und einer unzureichenden Affektkontrolle vor allen Dingen der Schamaffekte einerseits und der schamproduzierenden Umgebung wie der Schule andererseits. Um dieses Spannungsfeld zu beleuchten, werden im Folgenden mit Wurmser (2007) Abwehrmechanismen vorgestellt, die Lernstörungen verursachen können, die bisher nicht in Zusammenhang mit dem Schamaffekt gebracht wurden.

Wurmser (2007, S. 327) berichtet aus seiner klinischen Praxis über leichte Formen von »Denkstörungen«, die vor dem Schamerleben schützen und möglicherweise das schulische Lernen stören.

Mangelnde Unterscheidung von Symbol und Symbolisiertem

Wurmser beschreibt eine mangelnde Grenze zwischen Abstraktem und Konkretem, d. h. zwischen Symbol und Symbolisiertem kann nicht unterschieden werden. Gedanken und Gefühle werden als materiell und konkret aufgefasst und schützen dadurch das Subjekt vor einer tiefergehenden Auseinandersetzung mit Emotionen und Schamgefühlen. Aus alteritätstheoretischer Sicht kann die Unterscheidung zwischen Symbolisiertem und Symbol als Grenzgeschehen aufgefasst werden, welches, um für das Subjekt aushaltbar zu sein, eine konstruktive Schamhaltung erfordert. Symbole siedeln sich im symbolischen Raum an, der bei einer gelungenen Schamentwicklung durch die von Seidler konzipierte Drei-Punkte-Konfiguration entsteht, bei einer dysfunktionalen Schamhaltung aber fehlt.

Aus dem Blickwinkel der Mentalisierungstheorie ist die Integration des Als-ob-Modus in das psychische Erleben nicht gelungen, wenn die Symbolisierungsfähigkeit fehlt.

Diese Abwehrform kann Auswirkungen auf die Beziehung von Schülerinnen und Schülern zum Lerngegenstand oder Lerninhalt haben. Möglicherweise tun sich Schülerinnen oder Schüler schwer damit, vom handlungsorientierten Lernen auf eine ikonische oder symbolische Ebene zu wechseln. Sie bleiben aus Selbstschutz der konkreten, erfahrbaren Ebene verhaftet und vermeiden mit dieser Haltung die Auseinandersetzung mit schmerzhaften emotionalen Aspekten. Allerdings bewirkt dieser Schutz, dass sie sich Sachgegenständen oder Phänomenen nur oberflächlich nähern. Bindungstheoretisch ausgedrückt explorieren sie nur oberflächlich und können sich die sie umgebende Welt nicht tiefergehend aneignen.

Störung der Aufmerksamkeit

Kommt es zu einem Rückzug aus der Welt und wird die Umgebung ausgesperrt, so kann mit Wurmser (2007, S. 328) von einer persistierenden Störung der konzentrierten Aufmerksamkeit gesprochen werden. Statt einer Exploration der Außenwelt kommt es zu einem

»Rückzug in eine Welt der Tagträumereien und anderer narzisstischer Beschäftigungen« (ebd., S. 328). Diese Versuche der Abwehr von oder des Schutzes vor verletzenden oder beschämenden Aspekten der Außenwelt werden im schulischen Kontext häufig als Konzentrationsschwäche von Schülerinnen oder Schülern interpretiert. Als hilfloser Lösungsversuch werden Programme zur Konzentrationsförderung angeboten. Die Teilnahme daran bringt Schülerinnen und Schüler in eine weitere exponierte Lage und mancher fühlt sich erst recht beschämt.

Das Erleben von Langeweile

Als mächtige Abwehr gegen das Erleben von Gefühlen, also auch der Scham, dient das Erleben von Langeweile (Wurmser, 2007, S. 308). Erfahrungen werden ihrer emotionalen und dadurch womöglich bedrohlichen Wirkmächtigkeit beraubt, indem ein »gelangweilter Modus« eingenommen wird.

Auch Schreib- oder Sprechhemmungen entheben das Subjekt von möglicherweise beschämenden Situationen.

Scham als vorbeugende Haltung

Der von Katzenbach (2004) angeführte Zusammenhang von emotionsregulativen Kompetenzen und Lernstörungen könnte dahingehend erweitert werden, dass die von Wurmser konzeptualisierte »Scham als vorbeugende Haltung« (2007, S. 85) in ihrer Abwehrfunktion strukturelles Lernen des Subjekts verhindert. Diese »Scham als Charakterhaltung« (Wurmser, 2007, S. 148) kann im Extremfall die gesamte Persönlichkeit bestimmen und zu Einschränkungen des Denkens und Fühlens in bestimmten Bereichen führen. Wurmser ist überzeugt, »selbstsichere Wissbegier, kühne Originalität und Kreativität werden von dem allgegenwärtigen Gefühl des Versagens, der Verlegenheit und der Selbstverhöhnung erstickt.« (ebd., S. 148).

4.7.2 Die Bedeutung von Abwehrmechanismen für das Verhalten von Kindern und Jugendlichen

Scham und deren Abwehr kann neben dem Lernen auch das Verhalten von Kindern und Jugendlichen bestimmen. Eine schwach ausgeprägte Mentalisierungsfähigkeit und eine nicht denkbare, nicht symbolisierbare Scham können sich auf der Handlungsebene manifestieren. Als Abwehr gegenüber der nicht mentalisierbaren Scham kann es zu Bestrebungen kommen, Fremdes zu egalisieren oder zu eliminieren (Seidler, 2002, S. 18). Womöglich werden Verachtung, Spott, Zynismus oder Entwertung eingesetzt. Diese Phänomene weisen Parallelen zu den von Wurmser (2007) beschriebenen Abwehrmechanismen gegenüber dem Affekt der Scham auf. Wurmser (2007) schildert, dass Scham und verwandte Gefühle wie Verlegenheit oder Kränkung das Ich häufig zu Abwehraktivitäten motivieren. Er vermutet Scham sogar als spezifisches Kernproblem hinter einer Vielzahl von klinischen Phänomenen, Verhaltensmustern und Symptomen. Diese Verhaltensmuster oder Symptome stellen Strategien dar, um mit dem unerträglichen Gefühl der Scham umzugehen.

Es kann sich, wie bereits beschrieben, ein Kreislauf herausbilden, in dem sich die drei folgenden Faktoren gegenseitig beeinflussen und verstärken. Erstens eine unter ungünstigen Entwicklungsbedingungen unzureichend ausgebildete Mentalisierungsfähigkeit. Zweitens eine entsprechend schwach ausgebildete Schamfähigkeit, die das Subjekt nicht befähigt, die »Scham des Getrenntseins« mit allen Konsequenzen auszuhalten, sondern vielleicht sogar die »Überzeugung des Liebesunwertes« in sich trägt. Und drittens die beschriebenen Abwehrtätigkeiten des Ichs.

Überträgt man diesen Kreislauf auf die soziale und die Lernsituation in der Schule, so ist es angeraten an einem solchermaßen schamproduzierenden Ort einen Fokus auf den Schamaffekt und seine Abwehr zu legen, um schamsensibel zu reagieren und die Abwehrmechanismen als solche zu erkennen. Einige relevante Abwehrmechanismen, die das Verhalten von Kindern und Jugendlichen beeinflussen können, werden im Folgenden vorgestellt.

Die Inszenierung äußerer Scham

Wurmser schildert, dass »internalisierte Scham« (2007, S. 63), gemeint ist die Scham, die das Subjekt um seiner selbst willen empfindet und eng verwandt mit der Selbstverachtung ist, viel bedrohlicher empfunden wird, als eine Scham, die durch die äußere Realität ausgelöst wird.

Äußere Scham kann daher eingesetzt werden, um der Unerträglichkeit der inneren Scham zu entgehen. Möglicherweise wird sie sogar aktiv herbeigeführt. Eine Demütigung kann durch soziale Verhaltensweisen provoziert werden oder bestimmte Situationen in denen äußere Beschämung gewiss ist, werden inszeniert, um das Gefühl des Unwertes nicht zu spüren bzw. die Demütigung nach außen zu verlagern. Diese Abwehrform kann vorliegen, wenn Schülerinnen und Schüler immer wieder von Pädagoginnen und Pädagogen nicht gewünschte Verhaltensweisen zeigen und damit ihre äußere Beschämung hervorrufen. Wurmser (2007) erläutert aus seinen Erfahrungen im klinischen Alltag, dass die Notwendigkeit, Beschämung aktiv herbeizuführen umso größer ist, je fragiler die narzisstische Besetzung des Selbst ist.

Ein aktives Herbeiführen von Bestrafung kann dem Subjekt sogar ein Gefühl von Macht bieten, denn, hier verweist Wurmser (2007) auf Piers und Singer (1971), die Demütigung wird aktiv herbeigeführt und nicht passiv durch andere erlitten.

Entwertung und Verachtung des Gegenübers

Als Abwehr denkbar ist auch eine Wendung von passiv zu aktiv: Ehe Verachtung für das Subjekt spürbar wird, wird die Umgebung mit Verachtung behandelt (Wurmser, 2007, S. 229). Alternativ wird die erlittene Scham erwidert, indem sie an ein Ersatzobjekt weitergegeben wird.

Der von Seidler (2015) konzeptualisierte objektivierende Blick kann ebenfalls als Abwehr gegenüber dem Affekt der Scham eingesetzt werden. Denn hier wird das Objekt im Extremfall zum Gegenstand entwertet und damit seiner Menschlichkeit beraubt. Die Scham des Subjekts wird durch die Beschämung des Objekts abgewehrt. In diesem Zusammenhang ist auch ein physischer Übergriff gegenüber dem Objekt denkbar. Auch Fonagy et al. (2006, S. 72) argumentieren ähnlich. Sie glauben, dass das Fehlen der Mentalisierungsfähigkeit antisoziale Reaktionen verstärken kann. Dem Gegenüber wird eine eigene Intentionalität abgesprochen. Der Andere wird zu einem entmenschlichten Körper und damit zum Gegenstand entwertet. Der Zusammenhang mit einer dysfunktionalen Schamhaltung kann vermutet werden, denn die Intentionalität des Objekts kann durch das Fehlen der Grenze zwischen Subjekt und Objekt, auf die die Scham im gelungenen Fall hinweist, nicht wahrgenommen werden. Kommt es als Schamabwehr zu einem physischen Übergriff, so kann kein Mitleid empfunden werden. Das Gewissen als Wissen über sich beim anderen steht nicht zur Verfügung.

Trotz als Autonomiebeweis

Wurmser bezeichnet »Trotz« als »eine Art Affektumkehr« (2007, S. 307) gegenüber dem Affekt der Scham. Hierbei wird aufbegehrt gegenüber der Umgebung. Dies kann in einem Ausmaß geschehen, dass zwar als selbstschädigend bezeichnet werden kann, aber Trotz kann dennoch »die letzte Bastion der Abwehr sein, eine Abwehr zugunsten der Integrität des Selbst« (ebd., S. 307), die das letzte Stück Autonomie bewahrt.

Schamfähigkeit und Impulshandlungen

Impulshandlungen können durch unerträgliche Schamaffekte verursacht werden, so Wurmser (2007, S. 318). Seidler (2015, S. 283) hält den von Wurmser (1986) beschriebenen Zusammenhang von »Schamthematik, mangelnder Steuerungsfähigkeit und Impulshandlungen« für plausibel. Nur wenn die Einschätzung des eigenen Handelns durch den Anderen wahrgenommen werden kann, sich eine selbstreflexive Schleife im Subjekt einstellt, sind auch die Voraussetzungen für Prozesse der Selbststeuerung gegeben.

Myschker und Stein (2018) fassen mit Peterson et al. (1961), Quay et al. (1966) und Quay und Werry (1972) die Symptomatiken wie Aggression, Hyperaktivität, Impulsivität, Gewalttätigkeit, Reizbarkeit, Verantwortungslosigkeit oder Beziehungsstörungen in den Kategorien »externalisierte Störungen« oder »sozialisiertes delinquentes Verhalten« zusammen. Vergleicht man die Symptomatiken mit den beschriebenen Abwehraktivitäten, so ergeben sich auf der beobachtbaren Ebene Ähnlichkeiten, die dafürsprechen, dem Affekt der Scham in diesem Zusammenhang Aufmerksamkeit zu widmen.

Konsequenzen für die Pädagogik

Hilfreich für den pädagogischen Umgang mit Verhaltens- und Lernproblemen könnte die Vorstellung eines Kontinuums sein. An dem einen Extrem ist eine gut ausgebildete Mentalisierungsfähigkeit kombiniert mit einer funktionalen Schamfähigkeit zu finden. Hier hat sich die von Fonagy et al. (2006) beschriebene »mentalisierte Affektivität« (ebd., S. 12) entwickelt. Diese ermöglicht es dem Subjekt die Affekte zu regulieren und mit deren Bedeutung in Kontakt zu kommen. Ein »wahres« Selbst kann entstehen und der Affekt der Scham kann seine beziehungsregulierende Funktion entfalten. Symbolisierungsfähigkeit entwickelt sich und innere und äußere Realität können unterschieden werden. Durch den Affekt der Scham sind auch die Grenzen zwischen »Mein« und »Dein« für das Subjekt verfügbar. Das Selbst ist narzisstisch gut ausgestattet und eine ausgeprägte Abwehrtätigkeit des Ichs insbesondere gegenüber dem Affekt der Scham ist nicht erforderlich. In diesem Zustand sind Achtsamkeit für das Gegenüber und positive Lernerfahrungen möglich.

Am anderen Extrem kommt es nicht zur Ausbildung von Mentalisierungsfähigkeit und auch der Affekt der Scham steht nicht zur

Verfügung. Die Affekte sind kognitiv nicht zugänglich und können nicht reguliert werden und Symbolisierungsfähigkeit ist nicht gegeben. Es entsteht keine Erkenntnis der Urheberschaft des Selbst und die Sicht der Welt ist nicht repräsentational. Anderen wird, wie dem eigenen Selbst, keine Intentionalität unterstellt. Scham kann ihre regulierende Funktion nicht wahrnehmen, sondern muss abgewehrt werden. Tragischerweise kann in dieser Verfasstheit die zerstörerische Wirkung der ungedachten Scham nicht durch Mentalisieren gemildert werden und durch die mangelnde funktionale Wirkung der Scham fehlen die Voraussetzungen für die Fähigkeit zu Mentalisieren.

Die Vorstellung eines Kontinuums beinhaltet, dass es sich nicht um ein »Entweder-Oder-System« handelt, bei dem die Fähigkeiten ausgebildet sind oder nicht. Zwischen den beiden Extremen befinden sich unterschiedliche Ausprägungsgrade der beschriebenen Fähigkeiten. In Krisensituationen können sich die Fähigkeiten kurzfristig oder auch länger Richtung »Negativ-Extrem« bewegen.

In der Pädagogik kann es hilfreich sein, diese Bandbreite mitzudenken. Sinnvoll wäre es, wenn Pädagoginnen und Pädagogen sich selbst und ihre Schüler innen und Schüler auf diesem Kontinuum verorten und die Planung pädagogischer Interventionen um diese Aspekte erweitern. Zumindest sollte die Achtsamkeit für Scham geschärft werden.

5. Die Bedeutung des Verhältnisses von Scham und Mentalisierung für Schule und Pädagogik

Wie im ersten Kapitel dargestellt, ist die Institution Schule ein Ort, an dem es zu vielfältigen Beschämungssituationen kommt. Diese ergeben sich aus den strukturellen Funktionen der Institution. Aber auch die Beziehungen zwischen Lernenden und Lehrenden und zwischen den Schülerinnen und Schülern halten vielfältige Schampotenziale bereit. Schamaffekte sind in der Schule allgegenwärtig und können für Lern- und Beziehungsstörungen im äußerst beziehungsintensiven Kontext von Schule kausal sein.

Fonagy et al. haben für den klinischen Kontext auf der Basis ihres Mentalisierungskonzepts Modelle zur Behandlung schwerer Persönlichkeitsstörungen entwickelt. Die Anwendung des Konzepts außerhalb klinischer oder therapeutischer Settings in sozialen Systemen wie z. B. Schulen wird ebenfalls unterstützt (Twemlow & Fonagy, 2009; Allen et al., 2011). Öffnet sich die (Schul-)Pädagogik für die Mentalisierungstheorie sollten Entwicklungs- und Wirkungszusammenhang von Mentalisierungsfähigkeit und Schamfähigkeit einbezogen werden, insbesondere dann, wenn eine oder beide Fähigkeiten unzureichend ausgebildet sind.

Die gewonnenen Erkenntnisse leisten als tiefgehender Verstehenszugang einen Beitrag für die Pädagogik der emotional-sozialen Entwicklung sowie im sonderpädagogischen Förderschwerpunkt Lernen und haben auch außerhalb der Sonderpädagogik als Reflexionshilfe Relevanz.

Allerdings können die dargestellten Erkenntnisse nicht in konkrete Handlungsformen gegossen werden, da es sich um komplexe, zum Teil unbewusste Vorgänge handelt, die sehr schwer zu operationalisieren sind sowie stark von der individuellen Biografie bestimmt sind.

Die grundsätzliche Frage, wie psychoanalytische Erkenntnisse bzw. Erkenntnisse einer psychoanalytisch orientierten Pädagogik Eingang in die Schulpraxis oder die allgemeine pädagogische Praxis finden können, ohne dass Vereinfachungen und Operationalisierungen aus Gründen der Praktikabilität oder Messbarkeit die Erkenntnisse quasi ihres bedeutsamen Kerns berauben, bleibt zunächst unbeantwortet. Dieses Problem könnte Gegenstand weiterer Forschungen zur Bedeutung des Schamaffekts und der Mentalisierungsfähigkeit für Schule und Unterricht und die allgemeine Pädagogik sein.

5.1 Die mentalisierungsbasierte Pädagogik

Trotz der Schwierigkeit zunächst unbewusste Phänomene wie die Aktivität von Abwehrmechanismen im Unterricht oder auch in der sozialen Arbeit zu berücksichtigen und auf Basis der gewonnenen Erkenntnisse psychische Strukturbildung, Mentalisierungsfähigkeit und damit auch Schamfähigkeit zu fördern, gibt es Versuche, die Mentalisierungstheorie neben dem klinischen Bereich auch für die Pädagogik zu erschließen. Seit einigen Jahren findet das Konzept Eingang in unterschiedliche pädagogische Felder. Eine internationale Forschungsgruppe hat sich zusammengefunden und setzt sich mit der mentalisierungsbasierten Pädagogik auseinander (Gingelmaier et al., 2018; Gingelmaier & Kirsch 2020b).

Die Vertreter und Vertreterinnen der mentalisierungsbasierten Pädagogik haben sich die Ansicht zu eigen gemacht, dass Mentalisierungsfähigkeit das Produkt des Austausches zwischen Kind und Bindungsperson darstellt und unternehmen den Versuch, die Theorie der Mentalisierung für unterschiedliche pädagogische Felder wie die Frühpädagogik, die Schule, die soziale Arbeit, die Traumapädagogik und auch die Erwachsenenbildung zu erschließen.

Die bereits bestehenden Wissensbestände werden zur möglichen Anwendung in ebendiesen Feldern neu systematisiert. Mentalisieren betrachten die Forscher und Forscherinnen mit Fonagy (2018) als Grundlage für die soziale Kommunikation und das soziale Lernen (Gingelmaier & Kirsch 2020a) und damit auch als den Kern von Erziehung und Bildung. Die mentalisierungsbasierte Pädagogik hat innerhalb dieses Rahmens zwei Schwerpunkte identifiziert (ebd., 2020a). Dies ist zum einen die Förderung des sozialen und damit auch schulischen Lernens durch die Förderung von epistemischem Vertrauen und zum anderen die Stärkung der Mentalisierungsfähigkeit von Pädagoginnen und Pädagogen. Beides wird im Folgenden unter dem Blickwinkel der gewonnenen Kenntnisse über den Zusammenhang von Mentalisierung und Scham reflektiert.

5.1.1 Epistemisches Vertrauen[22] und Scham

Epistemisches Vertrauen ist gegeben, wenn Informationen oder Wissensbestände aufgrund des Vertrauens in die Informationsquelle als relevant akzeptiert und gespeichert werden. Epistemische Wachsamkeit hingegen verhindert, dass Informationen nicht vertrauenswürdiger Informationsquellen oder von Quellen mit schädigenden Absichten als glaubwürdig beurteilt werden. Da aus Gründen der »Ressourcenschonung« nicht bei jedem Wissenstransfer die Vertrauenswürdigkeit der Quelle überprüft werden kann, werden Kommunikationsprozesse die dem Wissenstransfer dienen durch ostensive Signale der Informationsquelle eingeläutet. Diese ostensiven Signale wie Blickkontakt, bei kleinen Kindern Zeigebewegungen, das Heben der Stimme oder das Nennen des Kindes oder Gegenübers beim Namen, läuten die Mitteilung relevanter Informationen ein. Zusätzlich verstärkt die Erfahrung des Subjekts vom Sender der Information als aktiver und mentaler Urheber akzeptiert zu werden, mit anderen Worten, mentalisiert zu werden, die Wahrscheinlichkeit eines gelungenen Wissenstransfers. Die mentalisierungsbasierte Pädagogik räumt der Förderung des epistemischen Vertrauens, wie schon erwähnt, besondere Bedeutung ein. Denn der Wissenstransfer – vermittelt durch eine mentalisierende

22 Siehe auch Kapitel 3.6.6.

Haltung, ostensive Signale und epistemisches Vertrauen – bezieht sich auf das gesamte kulturelle Erbe einer Gesellschaft kann aber auch auf den Kontext der Schulbildung übertragen werden. Mit Fonagy (2018) kann davon ausgegangen werden, dass Bildungseinrichtungen wie die Schule maßgeblich zur emotional-sozialen Entwicklung von Kindern und Jugendlichen beitragen. In diesem für Kinder und Jugendliche wichtigen sozialen Umfeld kann die Entwicklung von Subjektivität und Urheberschaft durch den angewandten Prozess des Mentalisierens ebenso angeregt werden wie die Ausbildung einer funktionalen Schamfähigkeit. Die Beachtung der Bedeutung des Schamaffekts bei der Förderung von Mentalisieren und epistemischem Vertrauen kann gerade im äußerst schamrelevanten Kontext von Schule von großer Bedeutung sein. Dies bezieht sich sowohl auf die Entwicklung psychosozialer Resilienz als auch auf das formale Lernen. Lernen als schamhaftes, aber erträgliches Anerkennen und Verabschieden vom bisherigen Nichtwissen wird möglich.

Ostensive Signale und Scham

Nolte (2018) erläutert als Vertreter der mentalisierungsbasierten Pädagogik die Relevanz von epistemischem Vertrauen für die pädagogische Beziehung. Er spricht dieser Beziehung eine ostensive Funktion zu und beschreibt das ostensive Anzeigen als wichtigen Bestandteil der Wissensvermittlung. Sei es nun fachliches Wissen, soziales oder kulturelles Wissen, welches vermittelt werden soll. Das ostensive Anzeigen durch die Pädagogin oder den Pädagogen führt dazu, dass die epistemische (Über-)Wachsamkeit abnimmt und Wissen verinnerlicht werden kann. Die Beachtung der Schamfähigkeit des Objekts hat große Relevanz für den erfolgreichen Einsatz ostensiver Signale. Ist die Beziehung zwischen Sender und Empfänger ostensiver Signale im Sinne der Seidler'schen Alteritätstheorie ausgewogen, enthält sie sowohl ein verbindendes – subjektivierendes – Element, als auch ein trennendes – objektivierendes – Element. Stehen beide in einem ausgewogenen Verhältnis, so kann die Wissensvermittlung gelingen.

Handelt es sich aber um eine in diesem Sinne unausgewogene Beziehung und kann Scham ihre konstruktive Wirkung nicht entfalten, so kann der Wissenstransfer gestört sein. Es sind zwei Möglichkeiten, die den Wissenstransfer stören können, denkbar. Entweder geht für den Adressaten der Signale die eigene Subjekthaftigkeit in der Beziehung verloren und es fehlt ihm das Gefühl als mentaler Urheber behandelt zu werden, dann überwiegen die objektivierenden Beziehungsaspekte. Oder es überwiegt die subjektivierende Beziehungsqualität und die Grenzen zwischen Sender und Empfänger sind fragil und Fremdes und Eigenes kann nicht mehr unterschieden werden. Die Beziehung weist keine trianguläre Struktur auf. In beiden Fällen kann auf der Seite des Adressaten Scham entstehen, die abgewehrt wird und die »epistemische Autobahn« (Fonagy et al., 2015 nach Nolte, 2018) öffnet sich nicht. Durch überwältigendes Schamerleben kann der Zugang versperrt bleiben, denn es überwiegt die epistemische Wachsamkeit.

Wissenstransfer als Grenzerfahrung

Schließlich wird beim Aussenden ostensiver Zeichen die Grenze, bei Seidler »Bruchlinie« genannt, zwischen Aussendendem und Empfänger überschritten und bei intersubjektiven Grenzerfahrungen wird immer auch der Schamaffekt tangiert. Wenn diese Grenze stabil ist, sind die Beteiligten narzisstisch so gut ausgestattet, dass sie diese Grenzerfahrung aushalten und konstruktiv für die Beziehungsgestaltung verwenden können. In diesem Fall ist urheberrechtlich geklärt, wen die Signale ansprechen und es kommt zum Wissensaustausch. Andernfalls fehlen sowohl aus mentalisierungstheoretischer Sicht als auch aus Sicht des alteritätstheoetischen Schamtverständnisses die Voraussetzungen für epistemisches Vertrauen und den Wissenstransfer.

Es gilt nicht nur die psychische Struktur von Schülerinnen und Schülern zu beachten, auch die der Pädagoginnen und Pädagogen ist entscheidend. Schülerinnen und Schüler senden Signale verbaler Art oder szenische Darstellungen, die als Selbstmitteilungen der inneren Befindlichkeit oder auch der äußeren Lebensumstände zu verstehen sind. Verfügen Pädagoginnen und Pädagogen nicht über einen ausgewogenen Beziehungsmodus, bei dem sich Trennendes und Verbindendes die Waage hält, so können sie diese Signale nicht erkennen und die von den Schülerinnen und Schülern dargebotenen Informationen nicht als Verstehenszugang für Lern- oder Verhaltensprobleme oder als Gestaltungshinweise für die pädagogische Beziehung verwenden.

5.1.2 Die Wirkung des Schamaffekts auf das didaktische Dreieck

Nolte (2018) argumentiert mit Hechler (2013), dass die Unterrichtselemente des didaktischen Dreiecks, bestehend aus Lernenden, Lehrenden und Lerngegenstand nur in einem mentalisierungsfreundlichen Kontext zusammenwirken können, denn die ostensive Wachsamkeit muss überwunden werden. Neben diesem didaktischen Dreieck gibt es ein weiteres im pädagogischen Arbeitsbündnis und im Unterricht relevantes Dreieck. Dieses besteht aus der von Seidler in seiner Alteritätstheorie konzipierten Drei-Punkte-Konstellation, die aus der Perspektive des Subjekts, der Perspektive des Objekts und der vom Subjekt zurückgenommenen Perspektive des Objekts auf das Subjekt besteht. Die Qualität dieses Dreiecks bestimmt den Erfolg ausgesandter ostensiver Signale und der Wirksamkeit des didaktischen Dreiecks. Können Schülerinnen oder Schüler die Drei-Punkte-Konstellation nicht nutzen, weil sie den Blick des Objekts aufgrund unzureichend ausgebildeter Schamfähigkeit nicht ertragen können, so kann auch das didaktische Dreieck nicht für den Wissenstransfer genutzt werden. Es ist vorstellbar, dass das Zustandekommen der durch das didaktische Dreieck dargestellten Beziehungsdynamik durch die im Subjekt aktiven Abwehrmechanismen verhindert wird.

5.1.3 Zusammenfassung

Zwischen Scham und Schamerfahrung einerseits und epistemischen Vertrauen und der Offenheit gegenüber ostensiven Signalen andererseits besteht eine enge Beziehung. Je nach individueller psychischer Struktur bleibt die epistemische Wachsamkeit erhöht, nämlich dann, wenn die Scham nicht mentalisiert werden kann und Abwehrmechanismen aktiv sind.

Diese besondere Beziehung sollte in einem Umfeld wie der Schule, die viele Schamgelegenheiten und Beschämungen bereithält, immer mitbedacht werden.

In der Auseinandersetzung mit Lehrenden und auch Lerngegenständen können beide Komponenten für Schülerinnen und Schüler eine Grenzerfahrung im alteritätstheoretischen Sinne darstellen. Bei einer dysfunktionalen Schamhaltung kann das epistemische Vertrauen keine »Brücke« bilden zwischen Lernenden, Lehrenden und Lerngegenstand. Um im Bild zu bleiben: Eine Brücke schafft eine Verbindung zwischen Getrenntem und was nicht als getrennt wahrgenommen werden kann, das kann auch nur schwer verbunden werden.

Für die Akzeptanz und damit die konstruktive Nutzung der Grenzerfahrung im didaktischen Dreieck und der in der pädagogischen Beziehung ausgesendeten ostensiven Zeichen ist eine funktionale Schamfähigkeit erforderlich. Durch sie können die zugehörigen Gefühle mentalisiert werden und die Erfahrung ist in der psychischen Struktur des Subjekts anschlussfähig. In diesem Fall ist kulturelles, formales und soziales Lernen sowie Beziehungsgestaltung möglich.

5.2 Die Bedeutung der Mentalisierungsfähigkeit von Pädagoginnen und Pädagogen für einen schamsensiblen Unterricht

Die innere Haltung von Pädagoginnen und Pädagogen, deren Mentalisierungsfähigkeit und damit auch deren Schamfähigkeit, hat großen Einfluss darauf, ob beide Fähigkeiten im Schulunterricht gefördert werden oder ob das Gegenteil geschieht und Beschämungen ihre destruktive Wirkung entfalten können und damit die Aktivitäten von Abwehrmechanismen verstärken. Die Wahrnehmung der psychischen Struktur von Schülerinnen und Schülern wird durch die individuelle Biografie und die individuellen Beziehungserfahrungen der Pädagoginnen und Pädagogen beeinflusst. Genauso, wie es bei der Spiegelung kindlicher Affekte durch Bindungspersonen zu Verzerrungen kommen kann, können unverarbeitete Traumata oder abgewehrte Affekte die Wahrnehmung von Pädagoginnen und Pädagogen verzerren und möglicherweise die Wahrnehmung von Schamprozessen bei Kindern und Jugendlichen beeinträchtigen. Dann ist eine Eskalation bzw. Häufung von Beschämungen möglich.

Eine Handlungsanleitung zur Herstellung schamsensibler und mentalisierungsfördernder pädagogischer Arbeitsbündnisse kann hier nicht geboten werden. Dies würde der Bedeutung von Selbstentwicklung, Scham- und Mentalisierungsentwicklung und der Rolle der Abwehrmechanismen nicht gerecht, denn, wie sich diese Phänomene im Verhalten zeigen und entschlüsselt werden können, hängt von der individuellen Biografie und den individuellen Beziehungserfahrungen ab. Rezeptartige Anweisungen bergen die Gefahr, dass zu enge und unflexible Schablonen bei der Wahrnehmung der psychischen Verfassung von Kindern und Jugendlichen den Blick auf den individuellen Ausdruck der seelischen Befindlichkeit und die individuelle Beziehungshistorie verstellen. Damit könnten Verstehenszugänge und Fördermöglichkeiten ungenutzt bleiben.

Im Folgenden wird der Versuch unternommen, auf der Grundlage der gewonnenen Erkenntnisse, praxisrelevante Reflexionshilfen für einen schamsensiblen und mentalisierungsfördernden Unterricht zu formulieren.

Die Verfügbarkeit von Wissen über den Zusammenhang von Bindung, Mentalisierungsfähigkeit und Scham

Mit dem Wissen über den Zusammenhang von Bindung, Mentalisierungsfähigkeit und Scham steht Pädagoginnen und Pädagogen ein theoretischer Rahmen zur Verfügung, der für das Verständnis eigenen und fremden Handelns und Fühlens im Sinne der Theorie der Mentalisierung genutzt werden kann. Durch das gewonnene Verständnis erweitert sich der pädagogische Handlungsspielraum. Mögliche

Interventionen können individualisiert werden und damit wächst die Wahrscheinlichkeit, dass sie förderlich im Sinne der psychischen Strukturbildung und damit auch des schulischen Lernens wirken.

Die Auseinandersetzung mit der eigenen »Schamgeschichte«

Für Pädagoginnen und Pädagogen gilt das gleiche wie für ihre Schülerinnen und Schüler, auch bei ihnen wirkt im Schulunterricht und der pädagogischen Beziehung die Seidler'sche Drei-Punkte-Konfiguration. Um die Verantwortung für die Beziehungsdynamik in der Lerngruppe in einem förderlichen Sinne übernehmen zu können, müssen sie die Grenze zwischen Subjekt und Objekt, im Falle der Schule zwischen sich als Lehrkraft und den Lernenden, identifizieren und akzeptieren können. Dazu müssen sie konstruktiv mit den eigenen Schamaffekten umgehen können.

In ihrer Rolle verbringen Lehrkräfte die meiste Zeit alleine mit ihrer Lerngruppe und häufig müssen sie in dieser Rolle die Konfrontation mit den Auswirkungen von Abwehrprozessen auf Seiten der Schülerinnen und Schüler zumindest in der aktuellen Situation alleine auf sich nehmen. In dieser Situation sind sie mit ihren eigenen Schamaffekten konfrontiert. Es gilt also die Getrenntheit auszuhalten, kollusive Beziehungsgestaltung zu vermeiden und die Einsamkeit bei pädagogischer Ratlosigkeit auszuhalten.

Auch das Eingestehen und die Übernahme der Verantwortung für eigene Fehler setzen voraus, das eigene Selbst als getrennt von den Objekten zu erleben und erfordern, die damit verbundene Einsamkeit aushalten zu können.

Durch die Verfügbarkeit einer hinreichend guten Mentalisierungsfähigkeit und damit auch Schamfähigkeit ergibt sich der kognitive und regulatorische Zugang zu den eigenen Affekten, die in den beschriebenen Situationen auftreten. Getrenntheit und Einsamkeitsgefühle können ausgehalten werden, wenn die eigenen Schamaffekte im Seidler'schen Sinne konstruktiv wirken. Es entsteht im günstigsten Fall auch ein Bewusstsein für die eigene Verstrickung.

Nicht-Wissen und szenisches Verstehen walten lassen

In der Institution Schule, die per se viele Schamanlässe bereithält, sollte der Schamfähigkeit von Schülerinnen und Schülern aber auch dem Schampotenzial dargebotener Lerninhalte und -arrangements besondere Aufmerksamkeit gewidmet werden.

Vor dem Hintergrund des theoretischen Wissens der bisher dargestellten Zusammenhänge kann in der sensiblen und aufmerksamen Begegnung mit Schülerinnen und Schülern mit Hilfe des szenischen Verstehens der latente Sinn ihrer manifesten Mitteilungen entschlüsselt werden (Gerspach, 1998) und Kenntnisse über ihre Schamfähigkeit gewonnen werden. Anfängliches Nicht-Wissen, welches ebenfalls verlangt, Einsamkeitsgefühle auszuhalten, kann bei eigener hinreichender Schamfähigkeit von Pädagoginnen und Pädagogen genutzt werden, um nicht zu vorschnellen Interpretationen zu kommen. Das Zulassen und Wachsenlassen von Gegenübertragungsgefühlen, die ebenfalls einen Verstehenszugang für neue unbekannte oder irritierende Verhaltensweisen bieten und helfen, den Schamgehalt spezieller Situationen oder Lernarrangements zu verstehen und zu antizipieren, wird möglich.

Eine sichere Bindung bieten

Gelingt es, Schülerinnen und Schüler als mentale Urheber zu akzeptieren, sie zu mentalisieren, so können sie, abhängig von den individuellen Voraussetzungen auch nachträglich Mentalisierungsfähigkeit, Schamfähigkeit und den regulatorischen Umgang mit ihren Emotionen in empathischen und verlässlichen Beziehungsangeboten üben.

Entwicklungsprozesse zur Mentalisierung gestalten und Affekte angemessen spiegeln

Durch explizites Mentalisieren können Pädagoginnen und Pädagogen eine Vorbildfunktion für ihre Schülerinnen und Schüler übernehmen. Dies könnte z. B. in Konfliktgesprächen praktiziert werden, in denen die Metaebene angesprochen wird und latente Gefühle sichtbar gemacht werden. Zu diesen Gefühlen gehören dann natürlich auch Schamgefühle. Die schambildende Funktion von Affektspiegelungen sollte bedacht werden, damit eine starke Abwehr auf Seiten der Gesprächspartner und -partnerinnen vermieden wird.

Die Einnahme einer kooperativen Grundhaltung

Mentalisierungs- und Schamfähigkeit schaffen die Voraussetzungen für eine kooperative Haltung. Nur wenn innerpsychische Grenzen anerkannt sind und nicht auf je individuelle Art und Weise verteidigt werden müssen, öffnet sich der Blick für das Gegenüber und die Perspektive des Gegenübers z. B. in Supervision oder kollegialer Beratung. Diese Settings können genutzt werden, um einen schamsensiblen Unterricht zu gestalten und Arbeitsbündnisse zu etablieren, die die konstruktive Schamfähigkeit fördern. Die Reflexion des eigenen Verhaltens und der Zugang zu den eigenen Gefühlen kann umso offener und vielfältiger sein, desto stärker Mentalisierungs- und Schamfähigkeit ausgebildet sind. Dazu gehört auch, eigene Fehler zu akzeptieren, ohne dass Schamgefühle überwältigen und deshalb abgewehrt werden müssen.

Das Ziel eines schamsensiblen und mentalisierungsfördernden Unterrichts ist es, eine Lernatmosphäre zu schaffen, in der Wissenszuwachs und seelisches Wachstum möglich sind, Neugierde entwickelt werden kann und willkommen ist.

6. Ausblick

Das Verhältnis von Scham und Mentalisierung ist dynamisch. Scham hat insbesondere in der Schule, aber auch in anderen pädagogischen Beziehungen große Bedeutung.

Um die Lücke zwischen großer Praxisrelevanz bei gleichzeitig hoher Abstraktheit des dargestellten Zusammenhangs zu schließen oder zumindest zu verkleinern, bedarf es weiterer Forschungen und Erkenntnisse. Denn für die bereits gewonnenen Erkenntnisse fehlen, trotz ihrer hohen Praxisrelevanz, direkte Umsetzungsmöglichkeiten für die pädagogische Arbeit.

Einerseits sollten bestehende Ansätze der (Schul-)Pädagogik oder der Sozialpädagogik in Bezug auf bisher nicht oder zu wenig beachtete potenzielle (Scham-)Problematiken evaluiert werden. Andererseits können durch das Wissen über die weitreichende Bedeutung des Schamaffekts pädagogische Ansätze erweitert bzw. modifiziert werden und dadurch neue Verstehenszugänge für scheinbar unverständliches Verhalten oder gescheiterte pädagogische Interventionen generiert werden. Es besteht dann auch die Möglichkeit, Gelingensbedingungen genauer zu definieren. Dabei sollten Pädagoginnen und Pädagogen in ihrem Beitrag, den sie aufgrund ihrer eigenen Schamfähigkeit zum pädagogischen Arbeitsbündnis leisten, einbezogen werden.

Die Aufbereitung der Mentalisierungstheorie für die pädagogische Praxis, z. B. durch die mentalisierungsbasierte Pädagogik, kann durch die Integration der Erkenntnisse über die Bedeutung der Schamfähigkeit vervollständigt werden.

Im vorliegenden Kapitel werden erste Ansätze zur Vertiefung des Themas auf der Theorieebene benannt und mögliche empirische Zugänge aufgezeigt.

6.1 Scham und Bindung

Der Bindungstheorie kommt durch die Formulierung der Mentalisierungstheorie als psychosoziales Entwicklungsmodell eine neue Rolle zu (Taubner, 2016). Sie dient als Rahmen für die Entwicklung eines seelischen Repräsentationssystems beim Menschen und trägt damit zur Genese des Subjekts bei. Daher ist auch ein Zusammenhang zwischen Bindungsqualität und Qualität der Schamfähigkeit zu vermuten und könnte einen zukünftigen Forschungsschwerpunkt bilden.

Bindungsmuster und Schamfähigkeit

Die Untersuchung, ob und auf welche Weise sich das Bindungsmuster auf die Schamfähigkeit auswirkt, kann die Kenntnisse über die Entstehung und psychosozialen Auswirkungen der Schamfähigkeit vertiefen und ihr Verhältnis zur Mentalisierung weiter klären.

Bei unsicheren Bindungsmustern als Überregulierung (unsicher-ambivalent) oder Unterregulierung von Affekten (unsicher-vermeidend) kann vermutet werden, dass der Schamaffekt nicht für die Beziehungsregulierung zur Verfügung steht. Es stellt sich die Frage, wie sich dieses Fehlen auf die Bindungsbeziehung und das jeweils individuelle innere Arbeitsmodell von Bindung auswirkt. Die Auswirkung einer unsicheren oder desorganisierten Bindung auf die Wechselwirkung zwischen Scham und Mentalisierung kann ebenfalls in den Fokus genommen werden.

Weitere Fragestellungen könnten lauten:

Wie kann die Schamfähigkeit von einem erworben sicheren Bindungsmuster profitieren?

Gibt es eine transgenerationelle Weitergabe der Qualität der Schamfähigkeit?

Welche Rolle spielen die Abwehrmechanismen gegenüber dem Schamaffekt bei der Ausbildung von Bindungsmustern?

Schamfähigkeit und Explorationsverhalten

Eine Untersuchung des Zusammenhangs zwischen Explorationsverhalten, als Antagonist des Bindungsverhaltens, und Schamfähigkeit lässt weitergehende Erkenntnisse erwarten. Es ist zu vermuten, dass eine nicht hinreichend ausgebildete Schamfähigkeit zu einer Einschränkung im Explorationsverhalten führt. Denn um unbefangen explorieren zu können, muss die »fremde Außenwelt« die Grenze des Subjekts passieren bzw. das Subjekt muss sich als abgegrenzt gegenüber der Außenwelt wahrnehmen und an dieser Stelle entsteht die Scham, die je individuelle bewältigt werden muss. Denkbar ist die Vermeidung von Explorationen, um der Scham zu entgehen. Wie das Subjekt mit der Scham umgehen kann, entscheidet, wie Begegnungen mit dem »Fremden« weiter verlaufen wird und damit auch, wie sich die Exploration der Welt für das Subjekt entwickelt.

Durch tiefergehende Kenntnisse über den Zusammenhang könnten bindungstheoretisch orientierte Interventionen auch der Förderung einer funktionalen Schamfähigkeit dienen. Sollten bindungstheoretische Interventionen scheitern, sollte eine dahinterliegende Schamproblematik bedacht werden um das Scheitern zu erklären.

6.2 Scham und Mentalisierung

Dem Affekt der Scham sollte bei der theoretischen Weiterentwicklung der Mentalisierungstheorie und insbesondere beim Transfer der Erkenntnisse der Mentalisierungstheorie in die Praxis stärkere Beachtung geschenkt werden. Beim Scheitern von mentalisierungsbasierten Interventionen und auch bei der Entwicklung der Fähigkeit zu Mentalisieren, sollte die Rolle der Scham mitbedacht werden.

Kann mit einer Förderung der Mentalisierungsfähigkeit auch die Schamfähigkeit gefördert werden und wie funktioniert dies?

Die mentalisierungsbasierte Pädagogik geht davon aus, dass auch in pädagogischen Kontexten die Mentalisierungsfähigkeit durch das Gefühl, mentalisiert zu werden, gefördert wird (Gingelmaier & Ramberg, 2018). Die Untersuchung der Frage, was dabei mit der Schamfähigkeit geschieht, könnte diesen Vorgang transparenter und Gelingensbedingungen deutlicher machen. Schließlich kann auch die Untersuchung des Verhältnisses von epistemischem Misstrauen und Schamabwehr wichtige Hinweise für ein vertieftes Verständnis liefern.

6.3 Empirische Untersuchungen zur Scham

Scham kann durch äußere Phänomene wie Erröten, den Kopf hängen lassen und zu Boden schauen, wahrgenommen werden und ist dadurch der Beobachtung zugänglich. Durch das Subjekt bewusst wahrgenommene, erlebte Scham kann erfragt werden. In diesem Fall wird die Selbsteinschätzung des Subjekts erhoben.

Für Pädagoginnen und Pädagogen sind neben der Selbsteinschätzung und der Aufmerksamkeit gegenüber Schamphänomenen vor allem Kenntnisse über das unbewusste Schamgeschehen und die Wirkung von Abwehrmechanismen hilfreich. Denn Kenntnisse darüber eröffnen Verstehenszugänge und Handlungsmöglichkeiten und machen die Wahrnehmung von Scham wahrscheinlicher. Die von Wurmser beschriebenen Maskierungen von Scham und die Aktivitäten von Abwehrmechanismen erschweren eine empirische Untersuchung. Es stellt sich die Frage, wie Abwehrmechanismen als solche erkannt und dahinterliegende Strukturen, Konflikte oder Affekte erfasst werden können. Zunächst müssen dafür geeignete Methoden entwickelt oder bereits bekannte Methoden modifiziert werden, um die Scham zu »demaskieren«. Ein tiefenhermeneutisches Vorgehen oder der Einsatz projektiver Verfahren ist am ehesten geeignet um ein latentes oder maskiertes Schamgeschehen zu entdecken.

Tiefenhermeneutische Interpretation

Die Interpretation von empirischem Datenmaterial wie Transskripten oder Protokollen vor dem Hintergrund des geschaffenen psychoanalytisch orientierten Theoriegebäudes, könnte eine Möglichkeit darstellen, um latente und unbewusste Strukturen sichtbar zu machen (Haubl & Lohl, 2020) und die wissenschaftlichen Erkenntnisse über Scham und Mentalisierung zu vertiefen und empirisch zugänglich zu machen.

Projektive Verfahren

Projektive Verfahren bieten ebenfalls die Möglichkeit, Zugang zu latenten Sinnstrukturen und unbewusste Vorstellungen zu finden.

Als Beispiel sei das Geschichtenergänzungsverfahren, basierend auf der MacArthur Story Stem Battery, vorgestellt. Mitte der 1980er Jahre kamen Forscher und Forscherinnen im »MacArthur Research Network on Early Childhood Transitions« (Bretherton & Oppenheim, 2003) zusammen und verfolgten das gemeinsame Interesse, Geschichtenerzählverfahren zu entwickeln und einzusetzen, um Kenntnisse über die innere Welt kleiner Kinder zu gewinnen. 1990 wurde eine Zusammenfassung der entwickelten Geschichtenanfänge mit der MacArthur Story Stem Battery (MSSB) veröffentlicht. Beim Einsatz der MSSB werden Kinder ab einem Alter von drei Jahren in Geschichten eingeführt, die Themen wie Trennung, Bindung, moralische Dilemmata, Konflikte oder soziale Problemsituationen aktivieren (Weber & v. Klitzing, 2004). Die Kinder werden aufgefordert, die Geschichten mit Hilfe von Spielfiguren und anderen Requisiten weiterzuerzählen und zu spielen. Während die Kinder die Geschichten fortführen, werden sowohl ihre verbalen Äußerungen wortgetreu festgehalten als auch ihr Spiel gefilmt (Mögel, 2021). Die kindlichen Spielnarrative werden mit Hilfe des vorliegenden Manuals ausgewertet und es können Erkenntnisse über die innere Welt des Kindes, also Selbst- und Objektrepräsentanzen, subjektives Erleben, intrapsychische Konflikte aber auch Abwehrmechanismen gewonnen werden. Dieses Verfahren könnte eine geeignete Methode bilden, um mit entsprechend modifizierten, auf schamrelevanten Themen fokussierten Geschichtenanfänge und einem entsprechend veränderten Manual, abgewehrte oder maskierte Scham zu untersuchen.

Adult Attachment Interview (AAI) und Reflective Functioning Scale (RFS)

Angelehnt an das Adult Attachment Interview (AAI), zu Deutsch Erwachsenenbindungsinterview, wurde die Reflective Functioning Scale (RFS) entwickelt, um die Mentalisierungsfähigkeit empirisch fassbar zu machen (Taubner, 2016). Beim AAI werden Probanden anhand eines halbstrukturierten Interviews aufgefordert, über ihre Beziehungen in ihrer Kindheit zu berichten (Schleiffer, 2001; Daudert, 2002). Bei der Auswertung der transkribierten Interviews wird vor allem auf die Schlüssigkeit, die narrative Kohärenz und die Nachvollziehbarkeit der Auskünfte geachtet (Schleiffer, 2001) um die verinnerlichte Bindungsrepräsentation zu erfahren. Es werden weniger die inhaltlichen Aussagen berücksichtigt als die Art, wie geantwortet wird und wie die Bedeutung der frühen Beziehungserfahrungen für die aktuelle Lebenssituation eingeschätzt wird.

Fonagy et al. (1998, nach Daudert, 2002) haben ein Auswertungsmanual, die Reflective Functioning Scale (RFS), entwickelt, mit dessen Hilfe die Narrative aus dem AAI ausgewertet werden. Die RFS gibt an, in wieweit die Probanden in der Lage sind, sich und ihre Bindungspersonen als mentale Wesen mit unterschiedlichen Wünschen oder Überzeugungen wahrzunehmen. Auf einer elfstufigen Skala von anti-reflektiert bis außergewöhnlich reflektiert werden die Aussagen kodiert und damit die Mentalisierungsfähigkeit erfasst.

Mit der angewandten Interviewtechnik sollen auch unbewusste Vorstellungen der Probanden erfasst werden (George et al., 1984, 1985, 1996) über die sie keine expliziten Auskünfte geben können (Gloger-Tippelt, 2001).

Die vorgestellten Verfahren sind nicht konzipiert, um die Schamfähigkeit zu erfassen. Sie könnten aber geeignet sein, um, entsprechend modifiziert, auch unbewusste Abwehrprozesse gegenüber Schamaffekten zu erfassen.

Hilgers (2013) konstatiert, dass Scham erst in den letzten Jahren in der Psychoanalyse und der Psychotherapie größere Beachtung findet. Neben Gründen für die Vernachlässigung dieses Affekts, die in der

Historie der Psychoanalyse und deren Protagonisten begründet sind, kann auch der Charakter der Scham an sich zu ihrer Nichtbeachtung beigetragen haben. Scham ist ein schmerzhaftes und heimliches Gefühl (Marks, 2005) und es führt zu dem Bedürfnis, sich zu verstecken oder vom Erdboden zu verschwinden (Hilgers, 2013). Scham kann ansteckend wirken und möglicherweise wird sie von den Teilnehmern einer Szene abgewehrt und entsprechende Gegenübertragungsgefühle werden nicht wahrgenommen. Auch dieser Aspekt sollte bei der Suche nach einem empirischen Zugang zur Scham bedacht werden.

Literatur

Allen, J. G.; Fonagy, P. & Bateman, A. W. (2011): *Mentalisieren in der psychotherapeutischen Praxis.* Stuttgart: Klett-Cotta.

Amiri, S. (2008): *Narzißmus im Zivilisationsprozess. Zum gesellschaftlichen Wandel der Affektivität.* Bielefeld: transcript.

Astington, J. W. (1996): What is theoretical about the child's theory of mind? A Vygotskian view of its development. In: Carruthers, P. & Smith, P. K. (Hrsg.): *Theories of Theories of Mind.* Cambridge: Cambridge University Press, S. 184–199.

Badstieber, M. (2008): *Theory of Mind, episodisches Gedächtnis und Sprache: Eine Längsschnittstudie bei 3- bis 4-jährigen Kindern.* Dissertation Frankfurt a. M. Online: https://d-nb.info/996727086/34 [zuletzt aufgesucht am 1. Januar 2022].

Bahrick, L. & Watson J. S. (1985): Detection of intermodal proprioceptive-visual contingency as a potential basis of self Pperception in infancy. *Developmental Psychology,* 21(6), 963–973.

Baier, D.; Pfeiffer, C.; Simonson, J. & Rabold, S. (2009): *Jugendliche in Deutschland als Opfer und Täter von Gewalt. Erster Forschungsbericht zum gemeinsamen Forschungsprojekt des Bundesministeriums des Innern und des Kriminologischen Forschungsinstituts Niedersachsen (KFN).* Forschungsbericht Nr. 107.

Bion, W. R. (1962): A Theory of Thinking. *International Journal of Psychoanalysis* 43, 306–310. Dt.: Bion, W. R. (2013): Eine theorie des Denkens. In: *Frühe Vorträge und Schriften mit einem kritischen Kommentar: »Second Thoughts«.* Frankfurt a. M.: Brandes & Apsel.

Bischof-Köhler, D. (1989): *Spiegelbild und Empathie. Die Anfänge der sozialen Kognition.* Bern: Huber.

Bischof-Köhler, D. (2000): *Kinder auf Zeitreise: Theory of Mind, Zeitverständnis und Handlungsorganisation.* Bern: Huber.

Bischof-Köhler, D. (2010): Empathie, Theory of Mind und die Fähigkeit, auf mentale Zeitreise zu gehen. Zur Phylogenese und Ontogenese sozial-kognitiver

Kompetenzen. In: Mayer, B. & Konradt, H.-J. (Hrsg.): *Psychologie – Kultur – Gesellschaft.* Wiesbaden: VS Verlag für Sozialwissenschaften, S. 47–60.

Bohleber, W. (2008): Zur Psychoanalyse von Schamerfahrungen. *Psyche – Z Psychoanal*, 62(9), 831–839.

Bohnsack, F. (2013): *Wie Schüler die Schule erleben. Zur Bedeutung der Anerkennung, der Bestätigung und der Akzeptanz von Schwäche.* Opladen/Berlin/Toronto: Barbara Budrich.

Brentano, F. (1973 [1874]): *Psychologie vom empirischen Standpunkt.* Hamburg: Felix Meiner.

Bretherton, I. & Oppenheim, D. (2003): The MacArthur story stem battery: Development, administration, reliability, validity and reflections about meaning. In: Emde, R. N.; Wolf, D. P. & Oppenheim, D. (Hrsg.): *Revealing the Inner Worlds of Young Children.* New York: Oxford University Press, S. 55–80.

Carle, U. (2005): Kind-Umfeld-Analyse als Werkzeug für die Unterrichtsplanung. In: Graf, U. & Moser Opitz, E. (Hrsg.): *Diagnostik und Förderung im Elementarbereich und Grundschulunterricht.* Baltmannsweiler: Schneider, S. 54–65.

Csibra, G. & Gergely, G. (1998): The teleological origins of mentalistic action explanations: A developmental hypothesis. *Developmental Science*, 1, 255–259.

Csibra, G. & Gergely, G. (2009): Natural Pedagogy. *Trends in Cognitive Sciences*, 13(4), 148–153.

Csibra, G. & Gergely, G. (2011): Natural pedagogy as evolutionary adaption. *Philosphical Transactions of the Royal Society*, Series B, 366, 1149–1157.

Datler, W. (2001): Zeit, Struktur und Lebensalter II. In: Hofmann, Ch.; Brachet, I.; Moser, V. & von Stechow, E. (Hrsg.): *Zeit und Eigenzeit als Dimension der Sonderpädagogik.* – Edition SHZ der Schweizerischen Zentralstelle für Heilpädagogik: Luzern, S. 157–166.

Daudert, E. (2002): Die Reflective Functioning Scale. In: Strauß, B.; Buchheim, A. & Kächele, H.: *Klinische Bindungsforschung. Theorien-Methoden-Ergebnisse.* Stuttgart: Schattauer, S. 54–68.

Dennett, D. C. (1987): *The Intentional Stance.* Cambridge: The MIT Press.

Dornes, M. (2004a): Mentalisierung, psychische Realität und die Genese des Handlungs- und Affektverständnisses in der frühen Kindheit. In: Rohde-Dachser,

Ch. & Wellendorf, F. (Hrsg.): *Inszenierungen des Unmöglichen.* Stuttgart: Klett-Cotta, S. 297–338.

Dornes, M. (2004b): Über Mentalisierung, Affektregulierung und die Entwicklung des Selbst. *Forum der Psychoanalyse*, 20, 2, 175–199.

Dornes, M. (2006): *Die Seele des Kindes.* Frankfurt a. M.: Fischer.

Dunn, J. (1996): The Emanuel Miller Memorial Lecture 1995. Children's relationships: Bridging the divide between cognitive and social development. *Journal of Child Psychology and Psychiatry and allied Disciplines*, 37(5), 507–518.

Ekman, P. (1992): Are There Basic Emotions? *Psychological Review*, 99, 3, 550–553.

Fend, H. (2008): *Neue Theorie der Schule. Einführung in das Verstehen von Bildungssystemen.* Wiesbaden: Verlag für Sozialwissenschaften.

Ferenczi, S. (1972 [1933]): *Sprachverwirrung zwischen den Erwachsenen und dem Kind.* Schriften zur Psychoanalyse, Bd. II. Frankfurt a. M.: Fischer.

Flavell, J. H.; Abrahams Everett, B.; Croft, K. & Flavell, E. R. (1981): Young children's knowledge about visual perception: Further evidence for the Level 1-Level 2 Distinction. *Developmental Psychology*, 17, 1, 99–103.

Flavell, J. H.; Flavell, E. R. & Green, F. L. (1983): Development of appearance-reality distincton. *Cognitive Psychology*, 15, 95–120.

Flavell, J. H. (1988): The development of children's knowledge about the mind: From cognitive connections to mental representations. In: Astington, J. W.; Harris, P. L. & Olson, D. R.: *Developing Theories of Mind.* Cambridge: Cambridge University Press, S. 244–267.

Flavell, J. H.; Green, F. L. & Flavell, E. R. (1993): Children's understanding of the stream of consciousness. *Child Development*, 64(1), 387–398.

Flavell, J. H.; Green, F. L.; Flavell, E. R. & Grossman, J. B. (1997): The Development of Children's Knowledge about Inner Speech. *Child Development*, 68(1), 39–47.

Fodor, J. A. (1992): A theory of the child's theory of mind. *Cognition*, 44, 283–296.

Fonagy, P. (1995): Playing with reality: The development of psychic reality and its malfunction in borderline personalities. *International Journal of Psychoanalysis*, 76, 39–44.

Fonagy, P. (2018): Geleitwort: Eingeschränkte Mentalisierung: eine bedeutende Barriere für das Lernen. In: Gingelmaier, S.; Taubner, S. & Ramberg, A. (Hrsg.):

Handbuch mentalisierungsbasierte Pädagogik. Göttingen: Vandenhoeck & Ruprecht, S. 9–13.

Fonagy, P. & Campbell, Ch. (2017): Böses Blut – ein Rückblick: Bindung und Psychoanalyse (2015). *Psyche – Z Psychoanal*, 4, 275–305.

Fonagy, P.; Gergely, G.; Jurist, E. L. & Taget, M. (2006): *Affektregulierung, Mentalisierung und die Entwicklung des Selbst.* Stuttgart: Klett-Cotta, 2. Aufl.

Fonagy, P.; Luyten, P. & Allison, E. (2015): Epistemic petrification and the restoration of epistemic trust: A new conceptualization of borderline personality disorder and its psychosocial treatment. *Journal of Personality Disorders*, 29(5), 575–609.

Fonagy, P.; Steele, H.; Steele, M. & Holder, J. (1997): Attachment and theory of mind: Overlapping constructs? *Association for Child Psychology and Psychiatry*, Occasional Papers 14, 31–40.

Fonagy, P. & Target, M. (1996): Playing with reality: I. Theory of mind and the normal development of psychic reality. *International Journal of Psychoanalysis*, 77, 217–233.

Fonagy, P. & Target, M. (2001a): Mentalisation und die sich ändernden Ziele der Psychoanalyse des Kindes. *Kinderanalyse*, 9, 229–244.

Fonagy, P. & Target, M. (2001b): Mit der Realität spielen. Zur Doppelgesichtigkeit psychischer Realität von Borderline-Patienten. *Psyche – Z Psychoanal*, 55(9/10), 961–995.

Fonagy, P. & Target, M. (2002a): Neubewertung der Entwicklung Affektregulation vor dem Hintergrund von Winnicotts Konzept vom »falschen Selbst«. *Psyche – Z Psychoanal*, 56(9/10), 839–862.

Fonagy, P. & Target, M. (2002b): Zum Verständnis von Gewalt: Über die Verwendung des Körpers und die Rolle des Vaters. *Kinderanalyse*, 10(3), 281–308.

Fonagy, P.; Target, M.; Steele, M.; Steele, H. (1998): *Reflective-functioning manual: For application to adult-attachment-interviews. Confidential document* (Version 5.0). London: University College. Online: https://discovery.ucl.ac.uk/id/eprint/1461016/1/Reflective%20Functioning%20Manual%20v5%201998.pdf [zuletzt aufgesucht am 9. Oktober 2022].

Franken, U. (2010): *Emotionale Kompetenz. Eine Basis für Gesundheit und Gesundheitsförderung.* Norderstedt: Books on Demand.

Freud, A. (2019): *Das Ich und die Abwehrmechanismen.* Frankfurt a. M.: Fischer, 24. Aufl.

George, C.; Kaplan, N. & Main, M. (1984/1985/1996): *The Berkeley Adult Attachment Interview.* Unpublished protocol; Dept. Psychology, University of California, Berkley.

Gergely, G. (2002): Ein neuer Zugang zu Margaret Mahler: Normaler Autismus, Symbiose, Spaltung und libidinöse Objektkonstanz aus der Perspektive der kognitiven Entwicklungstheorie. *Psyche – Z Psychoanal*, 56(9/10), 809–838.

Gergely, G.; Csibra, G. (1997): Teleological reasoning in infancy: The infant's naive theory of rational action. A reply to Premack and Premack. *Cognition*, 63, 227–233.

Gergely, G.; Nádasdy, Z.; Csibra, G. & Bíró, S. (1995): Taking the intentional stance at 12 months of age. *Cognition*, 56, 165–193.

Gergely, G. & Watson, J.S. (1999): Early socio-emotional development: Contingency perception and the social-biofeedback model. In: Rochat, Ph. (Hrsg.): *Early Social Cognition. Understanding Others in the first Month of Life.* Hillsdale, NY: Lawrence Erlbaum Association, S. 101–136.

Gerspach, M. (1998): *Wohin mit den Störern? Zur Sozialpädagogik der Verhaltensauffälligen.* Stuttgart: Kohlhammer.

Gingelmaier, S. & Kirsch, H. (Hrsg.) (**2020b**): *Praxisbuch mentalisierungsbasierte Pädagogik.* Göttingen: Vandenhoeck & Ruprecht.

Gingelmaier, S. & Kirsch, H. (2020a): Praxisbuch mentalisierungsbasierte Pädagogik – eine Hinführung. In: Gingelmaier, S. & Kirsch, H. (Hrsg.): *Praxisbuch mentalisierungsbasierte Pädagogik.* Göttingen: Vandenhoeck & Ruprecht, S. 19–22.

Gingelmaier, S. & Ramberger, A. (2018): Reflexion als Reaktion. Die grundlegende Bedeutung des Mentalisierens für die Pädagogik. In: Gingelmaier, S.; Taubner, S. & Ramberger, A. (Hrsg.): *Handbuch mentalisierungsbasierte Pädagogik.* Göttingen: Vandenhoeck & Ruprech, S. 89–106.

Gingelmaier, S.; Taubner, S. & Ramberger, A. (Hrsg.) (2018): *Handbuch mentalisierungsbasierte Pädagogik.* Göttingen: Vandenhoeck & Ruprecht.

Gloger-Tippelt, G. (2001): Das Adult Attachment Interview: Durchführung und Auswertung. In: Gloger-Tippelt, G. (Hrsg.): *Bindung im Erwachsenenalter. Ein Handbuch für Forschung und Praxis.* Bern: Huber.

Gopnik, A. & Astington, J.W. (1988): Children's understanding of representational change and its relation to the understanding of false belief and the appearance-reality distinction. *Child Development*, 59, 1, 26–37.

Gopnik, A. (1993): How we know our minds: The illusion of first-person knowledge of intentionality. *Brain and Behavioral Sciences*, 16, 1–14.

Gopnik, A. & Wellman, H.M. (1994): The theory theory. In: Hirschfeld, L.A. & Gelman, S.A. (Hrsg.): *Mapping the Mind. Domainspecifity in Cognition and Culture*. Cambridge: Cambridge University Press, S. 257–293.

Haas, D. (2013): *Das Phänomen Scham*. Stuttgart: Kohlhammer.

Hafeneger, B. (2013): *Beschimpfen, bloßstellen, erniedrigen. Beschämung in der Pädagogik*. Frankfurt a. M.: Brandes & Apsel.

Harris, P.L. (1991): The Work of the Imagination. In: Whiten, A. (Hrsg.): *Natural Theories of Mind: Evolution, Development and Simulation of Everyday Mindreading*. Oxford: Blackwell, S. 283–304.

Harris, P.L. (1992): From simulation to folk psychology: The case for development. *Mind & Language*, 7(1/2), 120–144.

Haubl, R. & Lohl, J. (2020): Tiefenhermeneutik. In: Mey, G., & Mruk, K. (Hrsg.): *Handbuch Qualitative Forschung in der Psychologie. Band 2: Designs und Verfahren*. Wiesbaden: Springer, S. 555–577.

Hechler, O. (2013): Erziehung – Bildung – Sozialisation. In: Braune-Krickau, T.; Ellinger, S. & Sperzel, C. (Hrsg.): *Handbuch Kulturpädagogik für benachteiligte Jugendliche*. Weinheim/Basel: Beltz, S. 161–186.

Hilgers, M. (2013): *Scham. Gesichter eines Affekts*. Göttingen: Vandenhoeck & Ruprecht, 4. erw. Aufl.

Hirsch, M. (1996): Zwei Arten der Identifikation mit dem Aggressor nach Ferenczi und Anna Freud. *Praxis der Kinderpsychologie und Kinderpsychiatrie*, 45, 6, 198–205.

Honneth, A. (1992): *Kampf um Anerkennung. Zur moralischen Grammatik sozialer Konflikte*. Frankfurt a. M.: Suhrkamp.

Izard, C.E. (1994): *Die Emotionen des Menschen. Eine Einführung in die Grundlagen der Emotionspsychologie*. Weinheim: Beltz, 3. Aufl.

Izard, C.E. (1999): *Die Emotionen des Menschen. Eine Einführung in die Grundlagen der Emotionspsychologie*. Weinheim: Beltz, 4. Aufl.

Jacoby, M. (1997): Scham-Angst und Selbstwertgefühl. In: Kühn, R.; Raub, M. & Titze, M. (Hrsg.): *Scham – ein menschliches Gefühl.* Opladen: Westdeutscher Verlag.

James, W. (1890): *The Principles of Psychology.* New York: Henry Holt and Company.

James, W. (1984 [1892]): Psychology: Briefer Course (1892). In: Burkhardt, F.H. (Hrsg.): *The Works of William James.* Bd. 4. Cambridge, MA: Havard University Press.

Katzenbach, D. (2004): Wenn das Lernen zu riskant wird. Anmerkungen zu den emotionalen Grundlagen des Lernens. In: Dammasch, F. & Katzenbach, D. (Hrsg.): *Lernen und Lernstörungen bei Kindern und Jugendlichen. Zum besseren Verstehen von Schülern, Lehrern, Eltern und Schule.* Frankfurt a. M.: Brandes & Apsel, S. 83–104.

Kaufmann, G. (1989): *The Psychology of Shame: Theory and treatment of shame-based syndromes.* New York, NY: Springer.

Keller, F. (2014): *Strukturelle Faktoren des Bildungserfolgs. Wie das Bildungssystem den Übertritt ins Berufsleben bestimmt.* Wiesbaden: Verlag für Sozialwissenschaften.

Klagsbrun, M. & Bowlby, J. (1976): Responses to separation from parents. Clinical test for young children. *British Journal of Projective Psychology*, 21, 7–21.

Koinova-Zöllner, J. (2015): Rezension: Prengel, Annedore. Pädagogische Beziehungen zwischen Aerkennung, Verletzung und Ambivalenz. Opladen: Barbara Budrich, 2013. *Erziehungswissenschaftliche Revue* (EWR), 144, 1. DOI: 10.25656/01:15500.

Krappmann, L. & Oswald, H.(1988): Probleme des Helfens unter Kindern. In: Bierhoff, H.-W. & Montada, L. (Hrsg.): *Altruismus. Bedingungen der Hilfsbereitschaft.* Göttingen: Hogrefe, S. 206–223.

Krause, R. (1998): *Allgemeine psychoanalytische Krankheitslehre, B. 2: Modelle.* Stuttgart: Kohlhammer.

Krumm, V. & Eckstein, K. (2001): *»Geht es Ihnen gut oder haben Sie noch Kinder in der Schule?«* Erweiterte Fassung eines Vortrags auf der Jahrestagung der Österreichischen Gesellschaft für Interdisziplinäre Familienforschung (ÖGIF) in Kooperation mit der Gesellschaft zur Förderung der Kindes- und Jugendneuropsychiatrie in Kärnten. Tagungsthema: »Familie und Gesundheit: medizinische, psychologische, juristische, ökonomische und soziale Aspekte« (November 2001). Online: https://www.yumpu.com/de/document/read/21612760/geht-es-ihnen-gut-oder-haben-sie-noch-kinder-in-der-schule [zuletzt aufgesucht am 4. Oktober 2022].

Krumm, V. & Weiß, S. (2002): *Machtmissbrauch von Lehrern in Österreich.* Vortrag auf der Jahrestagung der Österreichischen Gesellschaft für Bildung und Entwicklung (ÖFEB). Institut für Erziehungswissenschaften, Universität Salzburg. Online: http://a-ch-d.eu/MATERIALIEN/hoeflichkeit/machtmissbrauchvonlehrerninoesterreich2002.pdf [zuletzt aufgesucht am 8. Oktober 2022].

Kuske, S. (2005): Böser Blick. In: Auffahrt, C.; Bernard, J.; Mohr, H.; Imhof, A & Kurre, S. (Hrsg.): *Metzler Lexikon Religion. Gegenwart – Alltag – Medien.* Stuttgart: J. B. Metzler, S. 174–177.

Leekam, S. R. (1991): Jokes and Lies: Children's understanding of intentional falsehood. In: Whiten, A. (Hrsg.): *Natural Theories of Mind.* Cambridge: Basil Blackwell, S. 159–174.

Leslie, A. M. (1987): Pretense and representation: The origins of »theory of mind«. *Psychological Review*, 94, 4, 412–426.

Leslie, A. M. (1988): Some implications of pretense for mechanism underlying the child's theory of mind. In: Astington, J. W.; Harris, P. L. & Olson, D. R. (Hrsg.): *Developing Theories of Mind.* Cambridge: University Press, S. 19–46.

Leslie, A. M. (1991): The theory of mind impairment in autism: Evidence for a modular mechanism of development? In: Whiten, A. (Hrsg.): *Natural Theories of Mind. Evolution, Development and Simulation of Everyday Mindreading.* Oxford: Blackwell, S. 63–78.

Leslie, A. M. (1994): ToMM, ToBy, and agency: Core architecture and domain specifity. In: Hirschfeld, L. A. & Gelman, S. A.: *Mapping the Mind.* Cambridge: Cambridge University Press, S. 119–148.

Lewis, M. (1993): *Scham. Annäherung an ein Tabu.* Hamburg: Ernst Kabel.

Lynd, H. M. (1961): *Shame and the search for identity.* New York: Science.

Marks, S. (2005): Von der Beschämung zur Anerkennung. *bildung & wissenschaft*, Oktober, 6–13.

Marks, S. (2007): *Scham – die tabuisierte Emotion.* Düsseldorf: Patmos.

Meins, E.; Fernyhough, C.; Russell, J. & Clark-Carter, D. (1998): Security of Attachment as a Predictor of Symbolic and Mentalising Abilities: A Longitudinal Study. *Social Development*, 7, 1–24.

Mögel, M. (2021): Wie erleben platzierte Vorschulkinder die Zugehörigkeit zu ihren komplexen Beziehungswelten? Forschen mit dem Geschichtenstammverfahren der MacArthur Story Stem Battery. In: Hedderich, I.; Reppin, J. & Butschi, C. (Hrsg.): *Perspektiven auf Vielfalt in der frühen Kindheit. Mit Kindern Diversität erforschen.* Bad Heilbrunn: Julius Klinkhardt, S. 299–313.

Moll, H. & Tomasello, M. (2004): 12- and 18-month-old infants follow gaze to spaces behind barriers. *Developmental Science*, 7, 1, F1–F9.

Mosimann, M. (2000): Der letzte Ort, wo man eine Zeit lang nichts kann. Reflexionen zum Bild der Schule. *Neue Züricher Zeitung*, 25. Mai, S. 85.

Müller, F. M. (2018): She She Pops *50 Grades of Shame* als Schule des unvoreingenommenen Blicks. In: Hochholinger-Reiterer, B.; Boesch, G. & Behn, M. (Hrsg.): *Publikum im Gegenwartstheater.* Berlin: Alexander, S. 170–179.

Myschker, N. & Stein, R. (2018): *Verhaltensstörungen bei Kindern und Jugendlichen. Erscheinungsformen – Ursachen – Hilfreiche Maßnahmen.* Stuttgart: Kohlhammer, 8. Aufl.

Neckel, S. (1993): Achtungsverlust und Scham. Die soziale Gestalt eines existenziellen Gefühls. In: Fink-Eitel, H. & Lohmann, G. (Hrsg.): *Zur Philosophie der Gefühle.* Frankfurt a. M.: Suhrkamp, S. 244–265.

Nolte, T. (2018): Epistemisches Vertrauen und Lernen. In: Gingelmaier, S., Taubner, S. & Ramberg, A. (Hrsg.): *Handbuch mentalisierungsbasierte Pädagogik.* Göttingen: Vandenhoeck & Ruprecht, S. 157–172.

Oevermann, U. (1996): Theoretische Skizze einer revidierten Theorie professionalisierten Handelns. In: Helsper, W. & Combe, A. (Hrsg.): *Pädagogische Professionalität – Untersuchungen zum Typus pädagogischen Handelns.* Frankfurt a. M.: Suhrkamp, S. 70–182.

Orange, D. M.; Atwood, G. E. & Stolorow R. D. (2015): *Intersubjektivität in der Psychoanalyse. Kontextualismus in der psychoanalytischen Praxis.* Frankfurt a. M.: Brandes & Apsel, 2. Aufl.

Oser, F. & Spychiger, M. (2005): *Lernen ist schmerzhaft. Zur Theorie des Negativen Wissens und zur Praxis der Fehlerkultur.* Weinheim/Basel: Beltz.

Oswald, H. & Krappmann, L. (2000): Phänomenologische und funktionale Vielfalt von Gewalt unter Kindern. *Praxis der Kinderpsychologie und Kinderpsychiatrie*, 49, 1, 3–15.

Papousek, H. & Papousek, M.: Intuitive parenting. In: Bornstein, M.H. (Hrsg.): *Handbook of Parenting, Vol. 2: Biology and Ecology of Parenting.* Mahwah, NJ: Laurence Erlbaum Associates, S. 183–203.

Perner, J. (1991): *Understanding the Representational Mind.* Cambridge, MA: Bradford Books/MIT Press.

Perner, J.; Leekam, S.R. & Wimmer, H. (1987): Three-years-olds' difficulty with false belief: The case for a conceptual deficit. *British Journal of Developmental Psychology*, 5, 125–137.

Perner, J. & Wimmer, H. (1985): »John thinks that Mary thinks that [...]« Attribution of second-order beliefs by 5- to 10-year-old children. *Journal of Experimental Child Psychology*, 39, 437–471.

Peterson, D. R.; Quay H. C.; Tiffany, T. C. (1961): Personality Factors related to juvenile delinquency. *Child Development*, 32, 355–372.

Piano-Schlonsok, V. (2012): *Scham und Beschämung an der Schule für Erziehungshilfe. Einflüsse auf das Lehren und Lernen.* Wissenschaftliche Hausarbeit zur 1. Staatsprüfung am 1. August 2012. Online: https://phbl-opus.phlb.de/frontdoor/deliver/index/docId/319/file/WHA_Piano_Schlonsok_Vanessa.pdf [zuletzt aufgesucht am 4. Oktober 2022].

Piers, G. & Singer M.B. (1971): *Shame and Guilt: A psychoanalytic and a Cultural Study.* New York: Norton.

Plutchik, R. (1962): *The Emotions: Facts, Theories and a New Model.* New York, NY: Random House.

Poulsen, D.; Kintsch, E.; Kintsch, W. & Premack, D. (1979): Children's comprehension and memory for stories. *Journal of Experimental Child Psychology*, 4, 515–526.

Premack, D. & Woodruff, G. (1978): Does the chimpanzee have a theory of mind? *The Behavioral And Brain Sciences*, 4, 515–526.

Prengel, A. (2010): *ILeA. Individuelle Lernstandsanalysen in der Grundschule. Ein Beobachtungsheft zur psychosozialen Gesamtsituation.* Landesinstitut für Schule und Medien Brandenburg. Potsdam und Ludwigsfelde. Online:

https://bildungsserver.berlin-brandenburg.de/fileadmin/bbb/unterricht/lernbegleitende_Diagnostik/ilea/2010/Psychosozial.pdf [zuletzt aufgesucht am 8. Oktober 2022].

Prengel, A. (2013): *Pädagogische Beziehungen zwischen Anerkennung, Verletzung und Ambilvalenz.* Opladen/Berlin/Toronto: Barbara Budrich.

Prengel, A. & Heinzel, F. (2003): Anerkennungs- und Missachtungsrituale in schulischen Geschlechterverhältnissen. *Zeitschrift für Erziehungswissenschaft: Innovation und Ritual. Jugend, Geschlecht und Schule*, 6, Beiheft 2, 115–128.

Prengel, A. & Heinzel, F. (2004): Anerkennungs- und Missachtungsrituale in schulischen Geschlechterverhältnissen. In: Wulf, C. (Hrsg.): *Innovation und Ritual. Jugend, Geschlecht und Schule.* Wiesbaden: Verlag für Sozialwissenschaften, S. 115–128 (Zeitschrift für Erziehungswissenschaft. Beiheft: 2/2004).

Quay H. C.; Morse, W. & Cutler, R. I. (1966): Personality Patterns of Pupils in Special Classes for the Emotionally Disturbed. *Exceptional Children*, 32, 297–301.

Quay H. C. & Werry, J. S. (Hrsg.) (1972): *Psychopathological Disorders of Childhood.* New York.

Rabenstein, K. (2014): Unter Druck. Die Entstehung von Scham im individualisierten Unterricht. *Fördern*, Friedrich Jahresheft XXXII, 68–71.

Ramberg, A. & Nolte, T. (2020): Einführung in das Konzept der Mentalisierung. In: Gingelmaier, S. & Kirsch, H. (Hrsg.): *Praxisbuch mentalisierungsbasierte Pädagogik.* Göttingen: Vandenhoeck & Ruprecht, S. 25–52.

Repacholi, B. M. & Gopnik, A. (1997): Early reasoning about desires: Evidence from 14- and 18-month-olds. *Development Psychology*, 33, 1, 12–21.

Schleiffer, R. (2001): *Der heimliche Wunsch nach Nähe. Bindungstheorie und Heimerziehung.* Münster: Votum.

Schlicht, T. (2008): Ein Stufenmodell der Intentionalität. In: Spät, P. (Hrsg.): *Zur Zukunft der Philosophie des Geistes.* Paderborn: mentis, S. 59–91.

Schumann, B. (2007): *»Ich schäme mich ja so!« Die Sonderschule für Lernbehinderte als »Schonraumfalle«.* Bad Heilbrunn: Klinkhardt.

Searle, J. R. (1991): *Intentionalität. Eine Abhandlung zur Philosophie des Geistes.* Frankfurt a. M.: Suhrkamp.

Seidler, G.H. (1994): Der Sog in die Monade: Die Elimination der »dritten Position«. In: Seidler, G.H. (Hrsg.): *Das Ich und das Fremde. Klinische und sozialpsychologische Analysen des destruktiven Narzissmus.* Opladen: Westdeutscher Verlag, S. 9–23.

Seidler, G.H. (1995): Die klinische Bedeutung destruktiver Seiten des Narzißmus. *Forensische Psychiatrie und Psychotherapie*, 2, 27–43.

Seidler, G.H. (1997): Scham und Schuld – zum alteritätstheoretischen Verständnis selbstreflexiver Affekte. *Zeitschrift für psychosomatische Medizin und Psychoanalyse*, 43, 119–137.

Seidler, G.H. (2002): Der Sog in die Monade: Die Elimination der »dritten Position«. In: Seidler, G.H. (Hrsg.): *Das Ich und das Fremde. Klinische und sozialpsychologische Analysen des destruktiven Narzissmus.* Gießen: Psychosozial, Neuaufl., S. 9–23.

Seidler, G.H. (2015): *Der Blick des Anderen. Eine Analyse der Scham.* Stuttgart: Klett-Cotta, 4. Aufl.

Smith, P.K. (1996): Language and the evolution of mind-reading. In: Carruthers, P. & Smith P.K. (Hrsg.): *Theories of Theories of Mind.* Cambridge: Cambridge University Press, S. 344–354.

Sodian, B. (1994): Early Deception and the Conceptual Continuity Claim. In: Lewis, C. & Mitchell, P. (Hrsg.): *Children's Early Understanding of Mind.* Hove/UK: Erlbaum, S. 385–401.

Sodian, B. (2008): Entwicklung des Denkens. In: Oerter, R. & Montada, L. (Hrsg.): *Entwicklungspsychologie.* Weinheim/Basel: Beltz, 6. Aufl., S. 436–479.

Sodian, B.; Perst, H. & Meinhardt, J. (2012): Entwicklung der Theory of Mind in der Kindheit. In: Förstl, H. (Hrsg.): *Theory of Mind.* Berlin/Heidelberg: Springer, 2. Aufl., S. 61–77.

Sodian, B. & Thoermer, C. (2006): Theory of Mind. In: Schneider, W. (Hrsg.): *Enzyklopädie der Psychologie, Serie Entwicklungspsychologie, Bd. 2: Kognitive Entwicklung.* Göttingen: Hogrefe, S. 495–608.

Tagesspiegel (23. Januar 2018): 15-Jähriger ersticht Mitschüler in Lünen. Online: https://www.tagesspiegel.de/gesellschaft/panorama/nordrhein-westfalen-15-jaehriger-ersticht-mitschueler-in-luenen/20876348.html [zuletzt aufgesucht am 4. Oktober 2022]. Taubner, S. (2016): *Konzept Mentalisieren. Eine Einführung in Forschung und Praxis.* Gießen: Psychosozial, 2. Aufl.

Taubner, S. (2016): *Konzept Mentalisieren. Eine Einführung in Forschung und Praxis.* Gießen: Psychosozial, 2. Aufl.

Taubner, S. (2018): Mentalisieren über die Lebensspanne. In: Gingelmaier, S.; Taubner, S. & Ramberg, A. (Hrsg.): *Handbuch mentalisierungsbasierte Praxis.* Göttingen: Vandenhoeck & Ruprecht, S. 23–37.

Tomasello, M. (2002): *Die kulturelle Entwicklung des menschlichen Denkens.* Frankfurt a. M.: Suhrkamp.

Tomkins, S. (1963): *Affect, Imagery, Consciousness. Vol. II: The Negative Affects.* New York, NY: Springer.

Tomkins, S. (1980): Affect as amplification: Some modifications in theory. In: Plutchik, R. & Kellermann, H. (Hrsg.): *Emotions: Theory, Research and Experience, Vol. 1.* New York, NY: Academic Press, S. 141–164.

Trauth, W. (2003): Konzept der projektiven Identifizierung. Möglichkeit zwischenmenschliche Interaktionen zu beschreiben. Teil I: Konzeptentwicklung und Definition. *Psychotherapie*, 8, 326–333.

Twemlow, S.W. & Fonagy, P. (2009): Vom gewalterfüllten sozialen System zum mentalisierenden System: Ein Experiment in Schulen. In: Allen, J.G. & Fonagy, P. (Hrsg.): *Mentalisierungsgestützte Therapie.* Stuttgart: Klett-Cotta.

Volk, C. (2010): *Entwurf eines entwicklungsorientierten psychodynamischen Therapieansatzes für früh traumatisierte Kinder.* Dissertation Humboldt-Universität Berlin 2010. Online: https://edoc.hu-berlin.de/handle/18452/16783 [zuletzt aufgesucht am 14. Oktober 2022].

Watson, J.S. (1994): Detection of self: The perfect algorithm. In: Parker, S.T.; Mitchell, R.W. &; Boccia, M.L.: *Self-awareness in animals and humans: Developmental Perspectives.* New York, NY: Cambridge University Press, S. 131–149.

Weber, M. & v. Klitzing, K. (2004): Die Geschichtenstamm-Untersuchung in der klinischen Anwendung bei jüngeren Kindern. *Praxis der Kinderpsychologie und Kinderpsychiatrie*, 53, 5, 333–346.

Wellman, H.M. & Hickling, A.K. (1994): The mind's »I«: Children's conception of the mind as an active agent. *Child Development*, 65(6), 1564–1580.

Wimmer, H. & Perner, J. (1983): Beliefs about beliefs: Representation and constraining function of wrong beliefs in young children's understanding of deception. *Cognition*, 13, 103–128.

Winnicott, D.W. (1974): Ich-Verzerrung in Form des wahren und des falschen Selbst (1960). In: *Reifungsprozesse und fördernde Umwelt.* München: Kindler, S. 182–199.

Woodward, A.L. (1998): Infants selectively encode the goal object of an actor's reach. *Cognition*, 69, 1–34.

Wurmser, L. (1981): Das Problem der Scham. *Jahrbuch der Psychoanalyse*, 13, 11–36.

Wurmser, L. (1986): Verleugnung, Impulshandlung und Identitätsgefühl. *Zeitschrift für psychoanalytische Theorie und Praxis*, I, 1, 95–112.

Wurmser, L. (2007): *Die Maske der Scham.* Eschborn: Dietmar Klotz, 3. Aufl.